SE TU MISMO
PERO, NUEVO
SOLTERO O CASADO

¿Se encuentra escondido el secreto de una vida plena y rica dentro del enigma de si debo casarme o no debo hacerlo?

¿Se encuentra la base de mi satisfacción y cumplimiento en la vida reflejada en la imagen que me he hecho de mi propia persona?

¿Soy en realidad un gran error —que un día de esos va a hacerse evidente—, o soy, al contrario, un milagro creado a la imagen de un Padre amoroso que me quiere y me cuida?

Este librito debiera ayudarle a entenderse a sí mismo, sea hombre o mujer, soltero o casado, y mirar la vida desde el ángulo nuevo del Padre Celeste.

Virginia Gold Apple

SE TU MISMO PERO, NUEVO

SOLTERO O CASADO

LIBROS
CLIE

Libros CLIE
Dr. Moragas y Barret, 115
TERRASSA

SE TU MISMO

Versión española: Xavier Vila

ISBN 84 - 7228 - 492 - 1
Depósito Legal: B. 5.686 - 1980

Impreso en los Talleres Gráficos de la M.C.E. Horeb, A. C. n.º 265 - Moragas y Barret, 113 TERRASSA (Barcelona)

Printed in Spain

INDICE

INTRODUCCION

No es infrecuente en nuestra sociedad, incluyendo
la comunidad cristiana, que se hagan intentos deno-
dados para dar ánimo al pobre desgraciado que no ha
recibido todavía la bendición matrimonial. El pobre está
por ahí, sin lazos que le unan a nadie, con toda clase
de bendiciones pendientes por falta de reclamación,
vacío por dentro, quizás un poco a la deriva, incluso.

Cuando se ha terminado la lista de todas las posibilidades que se pueden avizorar en el horizonte, incluso el medio hermano del sobrino de no me acuerdo quién, siempre habrá alguien que diga de un modo
condescendiente y pío: «El sacrificio que haces será
premiado algún día, querida» (¡o querido, creo!) mientras que otros ensalzarán los méritos —intelectualmen-
te— de una soltería contenta y satisfecha.

En contraposición a éstos se encuentra el grupo de
los que se hallan a sus anchas precisamente porque
nadie ha conseguido amarrarlos todavía. Dándose las
manos y en pleno jolgorio van entonando su canto a
la libertad, a la jarana en medio de un cascabeleo de
risas y chistes sinuosos. Desde que le arrebataron a

de las mujeres se han dado aquí innumerables ejemplares de una especie superficial y hueca. El talante de otros oscila: un día piensan morir para los apetitos de la carne y las tentaciones del mundo, pero el día siguiente se juntan a un grupo que entona: «Comamos y bebamos que mañana moriremos.» ¡Al día siguiente no han muerto del todo, pero quieren volver a morir a la carne!

Al otro lado de la montaña, es decir en la vertiente de la manía matrimonial la cosa se puede ver desde perspectivas diferentes: a veces se trata de promesas de recuperación de toda frustración, pena, soledad, todo ello procedente de la magia matrimonial. La pareja feliz tiene un interruptor que al empujarlo arriba o abajo se enciende la luz de la felicidad instantánea, sin que pueda haber problemas o vicisitudes que amortigüen la eterna llama del amor.

Otros se encuentran a una altitud distinta, y con vehemencia advierten *urbi et orbi* contra esta trampa de incautos, que le arrebata a uno la libertad, y le hace un «esclavo de suburbio». Hay quienes careciendo de brío, sin embargo, se tragan la píldora matrimonial, aunque sea de un modo más bien apático, pero con ello se condenan a una coexistencia que oscila entre la guerra de nervios, armisticios y treguas.

¿Qué me tiene reservado Dios en sus planes? ¿Se encuentra el secreto de una vida plena y satisfactoria escondido dentro del estado de matrimonio o soltería? No dudo de que lo que tomo como fundamento de mi cumplimiento y satisfacción se encuentra entrelazado en la imagen que tengo de mí misma. Es decir, ¿es posible que sea por dentro un galimatías que espera sólo para manifestarse como tal a que haya pasado el tiempo, o soy en cambio un milagro único, creado a la imagen y semejanza del Padre, que me quiere y me cuida como un individuo, como una persona? «El suspirar como soltera o las irritaciones de casada» quizá puedan evitarse si consigo penetrar y echar una mirada en el corazón de un Dios soberano que desea que escoja lo mejor de lo que me ofrece en su sabiduría y amor infinito.

Ya me hago cargo de que hay tantos y tantos artículos, libros, conferencias, ¡qué sé yo!, que tratan del tema de cómo conseguir una vida de calidad superior. Podría sentir la tentación de espiar entre las verdades ya expresadas por otros, pero prefiero enfrentarme con mí misma y explorar mis pensamientos y mi propio sentir sobre el asunto. ¿Por qué aceptar limosna pasivamente cuando puedo escudriñarme y quizá descubrir mi propio empuje en la vida? Eso aparte de que la mayoría de los que escriben y hablan de este tema son, o bien han sido, casados.

Yo deseo hablar desde otro punto de vista, el de una persona joven y soltera. Más adelante en la vida, quizá reflexione y considere que hay falta de madurez y pobreza de visión en buena parte de lo que diga. Con todo, creo que me será de ayuda para mí, y dará esperanza a otros si escribo desde «este» punto en que me encuentro ahora en la vida. No quiero mirar hacia atrás, retrospectivamente, sino adelante, hacia un futuro, hermoso y cargado de emoción. Unas notas que pergeñé hace unos pocos años después de leer el Salmo 37 me parecen apropiadas para introducir mis pensamientos.

* * *

«Mucho mejor es contentarme con mi vida presente, tal como es hoy, sumergiéndome en su ajetreo, que inquietarme y concentrar mis energías en el misterioso remolino de lo desconocido. Lo desconocido se desplegará en su día y al hacerlo contemplaré una maravillosa revelación del amor de Dios. Este es un hecho que llena de emoción y encandila mi vida, basado en el mismo carácter inmutable de mi Dios.»

* * *

Estas páginas no tienen la pretensión de ser un partido de tenis verbal, en el que se cruzan y entrecruzan los pros y contras con los síes y noes al considerar los estados de soltería y matrimonio. Incluso el término «soltería» me es desagradable, porque parece llevar consigo la marca distintiva de separación, soledad. En un cierto sentido todos somos «solteros» solos, separados. El esquema básico con respecto al propósito y cumplimiento de cada uno es idéntico para todos los hijos de Dios. Todos somos «solteros» en este sentido ante sus ojos, toda la vida. Y esto lo digo ya ahora. Creo que cuanto más claramente nos demos cuenta de esta verdad, más cerca estaremos de una perspectiva feliz y equilibrada en la vida. Cuando partimos de esta base, dejamos peso muerto atrás y podemos aceptar el reto de empezar a desarrollar el potencial propio que nos ha sido dado por Dios.

Mis ideas incluyen reflexiones de contrariedades y alegrías de experiencias pasadas y presentes. No son únicas ni profundas, pero son mías y he podido aprender y aun aprendo de ellas. Naturalmente están limitadas en su contenido al contexto de la vida de una joven soltera, pero se pueden estrujar de ellas principios aplicables a los casados y a los hombres. Lo que ofrezco, pues, es el punto de vista de una mujer, mi punto de vista, y lo hago con el corazón alegre, aunque no tuviera en la decisión arte ni parte. Y que no se queje ningún hombre leyendo, y gruña: «¡Ya, ya hemos venido escuchando a las mujeres demasiado; ya empezamos mal, escuchando a Eva!»

Me sería imposible discutir cuestiones que afectan al corazón de la vida sin entrar en terreno controlado por el «enemigo». Hay dos distintas categorías del *Homo sapiens*, y la una no puede ser entendida aislada de la otra. Así que hay que dar la bienvenida al representante más antiguo, el que proveyó la costilla. Queda invitado con sincera cortesía. Se le hará justicia.

Ensanchemos la mente y la fe en un intento de alcanzar las más altas calidades de una vida llena de esperanza y de gozo, que entendemos Dios ha preparado para nosotros, para todos. No hay por qué mirarnos de reojo e inquina para ver quién se lleva la mejor parte, si la señorita, o la señora, o el señor (y de éstos podríamos hacer dos clases, también). Lo que tenemos que tratar de vislumbrar es lo que Dios ha provisto para todos reclamando y echando mano de Sus promesas en Jesucristo.

* * *

«El que no escatimó ni a su propio Hijo, sino que lo entregó por todos nosotros, ¿cómo no nos dará también con él todas las cosas?» (Romanos 8:32).

CAPITULO UNO

COMO QUEDARSE SOLTERO SIN ESFORZARSE DE VERAS

«Tú eres muy religiosa, Virginia, ¿no?

Esta pregunta inesperada me fue hecha sin más, mientras estudiábamos las dos, preparándonos para los exámenes finales de una clase de la Escuela de Enfermeras. Mi amiga era agnóstica y al contestarle yo con un «No», medio en zumba pero bien claro, se me quedó mirando sorprendida.

«Pero tú lees la Biblia con frecuencia y siempre veo que vas a no sé qué iglesia», replicó

Me sonreí y me expliqué: «Sí, creo que puedes etiquetarme si quieres de "religiosa", pero esto me suena demasiado frío y formal. Lo que me importa no es alguna tradición eclesiástica cocinada por los hombres. Lo más importante en mi vida, el verdadero quid de mi existencia es mi relación personal con Dios.»

La discusión siguió viva bastante rato. La cirugía cardiovascular se fue rezagando en nuestro interés. El «corazón» lo pusimos aquella noche en asuntos de una significación infinitamente mayor.

Un callejón sin salida, ni aun por la tangente

Una joven y entusiasta militante de algo me pidió una vez que le firmara una petición para bendecir o prohibir (ya ni lo recuerdo) alguna causa que rezumaba virtud. Cometí el grave error de preguntarle: «¿Por qué?»

Me ensartó varios minutos de argumentación en que las ideas eran irracionales y las palabras una ensalada. Al final me dijo: «Vale la pena, ¿no?»

En nuestros días hay muy poco que esté bien definido en contenido y significado. El relativismo ha hecho presa de nuestra mente e impide que alcancemos certeza con respecto a nada. El hacer una demostración, una huelga o cuadrarse en jarras no es raro, pero el saber por qué se hace ya es harina de otro costal.

Incluso en cuanto a la estructura religiosa o filosófica del mundo se nos dice que demos un gran salto de fe, ante cualquier charco experiencial que se nos meta delante. Después de todo, dicen algunos existencialistas, Dios no es precisamente Alguien. Lo que es, es una sensación nebulosa que nos hace cosquillas. Sin embargo, esta suspensión en la nada es mucho más que irracionalidad intelectual. El tratar de barajar este buen sentimiento religioso con un estilo de vida en el que «lo que me da la gana» es lo que cuenta, puede resultar un poco complicado. Por ejemplo, cuando la vida aprieta las clavijas y la presión es excesiva, no hay la dureza necesaria para desistir y algo se quiebra y luego no hay cómo reparar lo resquebrajado.

Carecemos del sentido del «porqué» porque nos falta una autoridad objetiva. Una chica de las de esta época de «sartas de cuentas y amor» vino a verme después de dar una charla a un grupo de una escuela secundaria acerca de Cristo. La chica me dijo efusivamente: «Mire, lo que usted dice es maravilloso..., pero lo que yo tengo lo es también. Cada cual puede seguir haciendo lo suyo.»

Le pregunté amablemente: «Sólo una pregunta: ¿En qué autoridad te fundas para hacer lo tuyo?»

Sorprendida, tartamudeó: «Bueno, no sé, no creo que tenga ninguna.»

«Sí —le dije—, tú eres tu propia autoridad. Pero, ¿qué sucede si tropiezas con algo inesperado y no sabes qué hacer o adónde volverte?»

Después de una pausa con la cabeza inclinada, me preguntó: «Y usted, supongo que su autoridad es Dios, ¿no?»

«Sí, pero no tal como yo me lo imagino o quiero imaginármelo. Mi autoridad es Dios tal como se reveló a Sí mismo en Su Palabra, la Biblia, una autoridad escrita y objetiva», le expliqué.

El obrar según nos acomoda es algo que pronto pierde el estímulo y el filo, especialmente cuando al mirarse en el espejo uno ve a alguien que apenas conoce y con el que no se puede contar mucho cuando viene el apuro. El camino de la vida, la felicidad y la libertad se vuelven a veces una pista rápida hacia la muerte, la esclavitud o el desespero.

Nuestros dioses grotescos

El gran «porqué» filosófico no puede ser contestado nunca al margen de Aquel que es Creador y Mantenedor de la vida. Él es por completo existente por sí mismo, autosuficiente, trascendente, infinito y totalmente incomprensible. Con todo, en nuestro pensamiento religioso, continuamos moldeándolo en un concepto que es completamente distinto: el de un dios conforme a nuestra propia imagen. Nos lo imaginamos como a un abuelo cariñoso, algo sentimental y probablemente demasiado cansado para regañarnos o castigarnos. Quisiéramos un dios comprensible, un dios al cual pudiéramos manipular a conveniencia propia.

Este dios sustituto es poco mayor que los intentos hechos por los griegos y los romanos en sus mitologías. Probablemente no llegaremos nunca a una deidad que, como en tiempos pasados, fuera mitad hombre, mitad otra cosa, pero lo que crean nuestros corazones engañosos no es menos blasfemo, grotesco y erróneo a la vista de un Dios santo.

A. W. Tozer, en su libro *El conocimiento de lo santo,* escribe:

«Nuestra idea real de Dios puede yacer enterrada bajo los desperdicios de nuestras nociones religiosas convencionales y puede que sea necesaria una búsqueda vigorosa e inteligente para desenterrarlo y exponer lo que es. Un dios engendrado en la sombra del corazón caído tendrá muy poca semejanza natural a un verdadero Dios. Lo que nos viene a la mente cuando pensamos en Dios es lo que es más importante en la vida para nosotros. Es imposible que nuestra moral interior o exterior sea recta cuando nuestra idea de Dios es errónea o insuficiente.» [1]

¿Majestad o mutación?

Lo que debemos hacer es descubrir el significado de Proverbios 9:10: «El temor del Señor es el principio de la sabiduría». Una visión exacta de la grandeza y majestad de Dios sólo puede proceder del temor reverencial y la adoración. Este temor no es del tipo que ata o deja lisiado, sino algo recio, espiritual, que nos deja en una gloriosa libertad: «Conoceréis la verdad, y la verdad os hará libres» (Juan 8:32). Cuando ve-

1. A. W. TOZER, «El Conocimiento de lo Santo» (New York: Harper and Row Publishers, 1961), pág. 9-11.

mos y adoramos a Dios tal como es, empezamos a encontrar nuestro propio significado y una nueva libertad para ver la vida de modo diferente. Dios en toda su gloria y poder, quiso que el hombre, por propia elección, pudiera entrar en relación con El. Esta relación es tal que los mismos ángeles se maravillan al verla.

* * *

Ayúdame a comprender el significado de tus dones, Señor.

No sólo tu completo perdón por mis rebeliones sino una nueva posición que no puedo captar:

Hija del Rey,

Heredera de Dios,

Coheredera con Cristo,

Heredera de todas las riquezas en gloria infinita. ¡Que pueda agradar al corazón de mi Padre celestial al reclamar el espíritu de adopción por lo cual clamo: «Abba, Padre»!

(Basado en Romanos 8:15-17.)

* * *

Nuestra conducta raras veces se asemeja a la que se esperaría de nuestra majestad: hijos e hijas de un Rey. Más bien mostramos parecido a alguna especie de las que saldrían de mutaciones sufridas por los monos. Nuestro así llamado ascenso evolucionario de bestia a belleza no me sirve de nada en lo más mínimo en mi crisis de identidad. Lo que pasa es que, aunque crea que ha habido un notable ascenso hasta ahora, «mi» especie puede de súbito cambiar en dirección contraria. Sería mucho más seguro procurar que los cambios futuros vayan en dirección a la restauración completa a la familia de Dios.

Historia de amor

«Seré como Dios», se dijo el ángel de luz en rebelión, por lo que Dios tuvo que despojarle de su categoría celestial y echarle de Su presencia. «Seré como Dios, sabiendo el bien y el mal», se dijo Adán (y Eva también) al infringir el límite puesto por Dios en un mundo en el que dominaba y del que disfrutaba libremente.

Este espíritu rebelde de desobediencia e independencia es la esencia de la condición del hombre hoy, como era la de Lucifer al principio del principio o la de los primeros seres humanos sobre la tierra. Si miramos con calma dentro de nosotros mismos no podremos dejar de ver el mismo espíritu de desobediencia y obstinada resistencia. «¡En mi casa mando yo...! ¡A mí nadie me dice lo que debo hacer!» ¡Cuánto debe afligir el corazón paterno de Dios que anhela darnos cada bendición, cada promesa que El se ha propuesto darnos! Este es nuestro problema básico —un abismo entre Dios y el hombre, cavado por la decisión del hombre de rebelarse. Pero Dios ha tendido un puente sobre esta sima. Y todo empezó porque su corazón rezuma amor.

Oímos hablar de amor en todos los tonos y ritmos. Lo que de veras pueda haber de amor, enterrado como se halla debajo del pringue del sentimentalismo, es difícil de decir. De los huesos del amor se sabe poco; aunque el mundo entero hace acatamiento a la calavera de la lujuria. El versículo «Dios es amor» (Juan 4:16) nos envía de golpe al manantial donde encontrar la definición.

Una ojeada a Génesis 1-3 nos va a ayudar: Dios, por amor, trajo a la humanidad a un mundo donde gozar de las riquezas que El quería conceder. La calidad de este amor, no basado en ninguna necesidad dentro de Sí mismo, procuró «dar» en abundancia sin igual. Para que el hombre devolviera este amor era necesario que tuviera libertad. Esta libertad de elección es el mismo aliento del amor.

Hubo una temporada, hace años, en que ningún chico me pidió que saliera con él. La famosa «cita» no cuajaba. Estaba sumida en la peor murria, lamentándome: «Nadie me quiere». Era una exclamación que se alternaba con los suspiros. Mi dulce y paciente madre me dijo: «Pero sabes bien que tu padre y yo te queremos». Mi contestación fue, todavía desconsolada: «¡Pero tú y papá tenéis que amarme! ¡Lo que yo quiero es alguien que me quiera porque quiera!»

Naturalmente, comprendo que mis padres «quieren» quererme y la generosidad de su amor me abruma. El amor es iniciado por un acto de la voluntad y el amor que tiene una chispa de divino sigue escogiendo lo que es recto y bueno para el amado. Dios lo demostró al primer hombre y a la primera mujer al darles el libre albedrío para que respondieran. Pero el hombre no correspondió, o respondió al revés, y así continúa: amando a su manera egoísta, aun hoy.

Dentro del misterio de la Divinidad, al principio de la creación, una fuente de amor infinita hizo planes de gracia para el hombre rebelde. Dios siguió mostrando la generosa cualidad de su amor al irrumpir en la Historia en la forma de un hombre. Dios vivió para nosotros, conociendo todos los problemas a que estamos sometidos nosotros, sin cometer pecado, sin embargo (Heb. 4:15). Murió por nosotros, echándose sobre sí la inmundicia de nuestras perversiones y sufriendo el castigo que debía ser nuestro.

Lo hizo por nosotros como individuos, como si cada uno de nosotros fuera la única persona en toda la Historia. La encarnación, la vida y la muerte de este Dios-hombre es un milagro de amor. La resurrección, la culminación de la victoria sobre el pecado, y sus resultados nos dieron poder para vivir de nuevo en un amor y comunión ininterrumpidos con el Creador.

Un gran imperativo

Sólo hay un gran imperativo en la vida: el de restaurar nuestra relación con Dios. Podemos hacer la decisión de arrepentirnos de nuestra rebelión y recibir el perdón, sometiéndonos a la autoridad de Dios. Es esto lo que nos da nueva vida, literalmente, para descubrir y alcanzar lo mejor que Dios nos otorga. Sin esto, la tarea de alcanzar cumplimiento y satisfacción se vuelve imposible, tan ridícula como sacar agua de un pozo con un cesto.

Supongo que todos estos hechos no son nada nuevo para la mayoría. Pero si los ponemos todos juntos, tendremos a la vista un requisito absoluto para dar el primer paso hacia una vida feliz y triunfante: arrepentirse, recibir, someterse. Lo primero es poner los pies en el fundamento sólido de la autoridad divina. Entonces podemos descubrir los secretos de la satisfacción. Entonces podemos discutir la vida de los casados, de los sin casar, y de los descasados, porque empezaremos por entender el significado de la vida. Sólo aquí podemos empezar a ver una verdadera visión de quién es Dios, si nos dejamos iluminar por El. Sólo aquí podrá apaciguarse el tumulto de lo irracional y se llenará el vacío causado por la ausencia de Dios. Sólo en sus poderosos brazos podemos empezar a descubrir la experiencia de lo que es amor verdadero y eterno.

Si Dios es su autoridad auténtica, adorémosle juntos. Si no, su respuesta al amor divino en arrepentimiento y sumisión puede hacer de El su autoridad. La nueva posición de «heredero de Dios y coheredero con Cristo» será suya. El porqué de la vida puede ser contestado con una certidumbre inconmovible.

«Por lo cual estoy seguro de que ni la muerte, ni la vida, ni ángeles, ni principados, ni potestades, ni lo presente, ni lo por venir, ni lo alto, ni lo profundo, ni ninguna otra cosa creada nos podrá separar del amor de Dios, que es en Cristo Jesús Señor nuestro.» (Romanos 8:38, 39.)

Nunca podré olvidar el privilegio de ver a Dios atrayendo a uno de mis amigos hacia El. Era una chica que se había graduado con los máximos honores de la Universidad. Se arrodilló a primeras horas de la mañana y oró simplemente: «Señor, no entiendo nada. Sólo sé que te quiero». Al marcharse luego fue con un nuevo «por qué», un nuevo Señor y un sentimiento de amor inseparable.

Todo especial

Nos vemos pues como personas, individuos, con un significado único, solo (soltero si se quiere), cada uno distinto ante los ojos de un Dios amante. Nuestra redención nos da autoridad y propósito. Sin embargo, muchos cantan todavía con Eliza Doolittle de *My Fair Lady*,[1] alguna variación de la canción «¿No sería estupendo?» Y celebramos regularmente sesiones de suspiros, anhelamos una vida especial para nosotros mismos, pero con un nosotros diferente de lo que somos. La transformación que Dios intenta para nosotros es mayor que la que le ocurrió a Eliza: de la cuneta a un palacio.

¡Qué emocionante fue para mí descubrir que Dios me llamaba a mí *My rare lady* (Mi especial señora).[2]

1. Famosa y popular comedia musical en Norteamérica por los años 60. *(N. del T.)*
2. Aquí hay un juego de palabras entre «fair» y «rare», cuya vocal suena idéntica en inglés: «fair» significa «hermosa»; «rare» significa único, raro. *(N. del T.)*

Dios me llamaba «especial, única», desde el momento de mi concepción. Me estaba preparando para cosas maravillosas, mucho antes de que me volviera a El dejando la dirección propia que seguía.

«No fue encubierto de ti mi cuerpo, bien que en oculto fui formado, y entretejido en lo más profundo de la tierra. Mi embrión vieron tus ojos, y en tu libro estaban escritas todas aquellas cosas que fueron luego formadas, sin faltar una de ellas. ¡Cuán preciosos me son, oh Dios, tus pensamientos! ¡Cuán grande es la suma de ellos!» (Salmo 139:13-16.)

Tenemos significado como individuos a causa del amor redentor de Dios y porque El nos ha formado a cada uno una obra de arte divino única. ¡Qué tragedia que la mayoría de nosotros, creaciones altamente especializadas, nos pasemos un número inmenso de horas forzándonos a ajustarnos al molde de la sociedad!

Somos los robots de *Redbook* y títeres de *Playboy*; [3] gastamos pequeñas fortunas en términos de tiempo, dinero y energía para parecer y actuar como el vecino. Y lo que cuesta conformar, ser igual... ¡Qué agotador! Algo como las atracciones o el circo. Cuando nos damos cuenta de «lo que se lleva» y tratamos de «procurárnoslo, la montaña rusa da un viraje de 90 grados y ahí vamos en dirección opuesta, dejando lo anterior colgante, y demasiado aturdidos para ver los nuevos tumbos que nos esperan.

Dios tiene ideas algo mejores.

«No os conforméis a este siglo, sino transformaos por medio de la renovación de vuestro entendimiento, para que comprobéis cuál sea la buena voluntad de Dios, agradable y perfecta.» (Romanos 12:2.)

De la misma manera que no hay un copo de nieve idéntico al otro y hay una infinita variedad en los rei-

3. Dos populares revistas norteamericanas más bien ligeras, pero superficialmente atractivas. (*N. del T.*)

nos vegetal y animal, también Dios ha formado una gama inconmensurable de variedad humana. Cada uno de nosotros tiene su propio aspecto, diferencias acentuadas por personalidades y temperamentos distintos. Algunos giramos a 45 revoluciones por minuto, mientras otros van a 75 y aun otros a 33. Algunos parecen llevar bajo la solapa un micrófono, y todo el mundo tiene que enterarse de lo que dicen; otros prefieren matarlas callando. Aspecto, ritmo, velocidad, reflejos, pautas de expresión, todo se halla bajo su soberanía creativa. Me gusta imaginar a los humanos en términos de instrumentos musicales fabricados con designios especiales:

Que pueda hallar la oportunidad día tras día
que el Maestro pueda dirigir la Sinfonía,
con la contribución de este mi instrumento.

Que no me resista a su deseo de perfeccionar su ejecución,
obteniendo de cada instrumento tonos más puros.

Que me sea dada la forma de un canal despejado
por do fluyan las notas celestiales sin traba,
como una flauta suena al darle vida el aliento.

Que no desdeñe al tambor y al címbalo
de la orquesta,
ni envidie a la trompeta o los violines.

Todos ellos son obras de arte, formados por El,
con miras y propósitos distintos, aunque yo no lo sepa.

Que aprenda a tenerles aprecio,
y genuino amor
sin imitarlos
ni tampoco esforzarme por cambiarlos.

Y que todos juntos unamos nuestras voces
en alabanza y honra a Ti, ¡Señor!

Nuestro Artífice, nuestro Compositor y Director.

El vuelo hacia la libertad

Cuando era una adolescente quería ser arpista. Una arpista era una figura tan graciosa, delicada, elegante. Pero me encontré que cuadraba mejor a mi estilo tocar la tuba. Me sobraba un 50 % de la longitud de las piernas. Algo ocurría además en la comunicación entre mi cabeza y mis pies, de modo que llegué erróneamente a la conclusión de que los escalones, los bordillos de acera y otros obstáculos habían sido hechos adrede para que yo tropezara con ellos. Una amiga querida me mandó una felicitación por San Valentino dirigida a «Mi buey favorito», aludiendo a mi pesadez e incoordinación.

Otro ejemplo de mi encanto natural se mostró en el marco de un parque, una bella tarde de abril. Habíamos salido con un chico, el cual, estando yo sentada en el columpio me daba suaves empujones, para propulsar levemente mis oscilaciones. Se me ocurrió dar un salto del columpio en el momento que él pensaba darme un empujón más sustancial. El resultado fue que salí volando y aterricé en un charco de fango. Lo peor fue el sofoco.

Sufría además de una anomalía congénita, un síndrome que yo llamo «metedura de pata», que consiste en dificutad para sincronizar la lengua y las conveniencias del momento. Los síntomas son: decir lo que no se debe, a la persona apropiada y en el momento propicio. Este síntoma básico se me presentaba con infinitas variaciones.

No era muy consolador tampoco ver, cuando adolescente, que iba creciendo, centímetro tras centímetro, por encima de todas las otras chicas, pero, especialmente los chicos, ¡esto era lo que más me dolía!

No puedo por menos que sonreír ahora, recordando lo difícil que me resultaba dar gracias a Dios por la forma que me había dado. Vi que si sentía resentimiento por la obra de sus manos en mí, me sería difícil poner confianza en El todo el resto de mi vida. Si me dejaba convencer de que se había hecho un «disparate» desde el principio, cómo iba a sentirme segura de que no seguirían otros.

Pero, Dios nos da gracia para reconocer su bondad; así que me convencí de su perfecta sabiduría al hacerme como me había hecho. Estoy contenta de mi estatura, me río de mis patochadas y me intereso de modo genuino por los demás en vez de preocuparme de mí misma. El proceso de «librarme de mí misma» sigue en actividad, y ¡es de veras emocionante!

Me doy cuenta de que mis problemas son mínimos comparados con los impedimentos y defectos de otros. Y, con todo, la bondad de Dios es la misma para todos y la autoaceptación es un acto de fe y de acción de gracias. El que falte es una causa de retraso en el crecimiento espiritual y puede destruir todo sentido de satisfacción, causando, en cambio, depresión y sentimientos de derrota. En «Yo misma», Gladys Hunt explora de un modo magnífico el tema de la autoaceptación:

«No hablo del amor egotístico, del amor a uno mismo. Hablo de la clase de autoaceptación que afirma nuestro valor personal y nos libera de la prisión de la autoabsorción. ¿Qué es lo que puede hacer una mujer (y naturalmente un hombre) que se sienta libre así? Es libre de amar a Dios. Es libre de amar a otros. Apreciando que Dios toma la iniciativa en las vidas individuales, puede seguir su ejemplo. Por ejemplo: se llega a otros a base de amor, no de necesidad. Es libre para perdonar, porque sabe que ha sido perdonada. Se acepta a sí misma, porque Dios la ha aceptado.» [2]

2. Gladys HUNT, «Yo misma» (Grand Rapids, Michigan: Zondervan Publishing House, 1972), pág. 21-23.

La imagen de nosotros mismos que vemos puede ser deformada como lo era para el clásico ejemplo del individuo que se miró en un espejo convexo y no se explicaba cómo podía tener aquel aspecto tan rollizo. El problema de nuestra autoimagen puede existir en la imagen combada de nuestros standards. ¿Nos medimos por la vara de la sociedad o incluso por el estilo de vida de otra persona piadosa? El problema puede ser fruto de nuestra visión, enturbiada por el resentimiento o la amargura hacia nuestro Hacedor. La reflexión deformada de nosotros mismos puede parecer rara de veras.

Dios te ha creado y te ha redimido. El te conoce mejor de lo que tú te conoces a ti mismo. Tiene planes para que tu vida sea fructífera y plena, no sólo en el sentido general de «glorificar y alabarle para siempre», sino con una dimensión extra. Cada uno es un ejemplar único de sus milagros, hechos a la medida, no en la línea de producción de una factoría.

Dios nos ama como individuos y sus planes para nosotros incluyen restaurar nuestra posición como herederos. Su soberanía creativa nos asegura que no hubo equivocaciones en nuestro principio. ¡Qué disparate rechazar su plan: preocuparse y estar ansiosos e irritables porque detestamos una vida solitaria o porque hemos sido entrampados en los lazos del matrimonio! ¡Qué privilegio poder vivir diariamente en comunicación con el Maestro Arquitecto, participando en el perfeccionamiento de su obra en nosotros: «estando persuadido de esto, que el que comenzó en vosotros la buena obra, la perfeccionará hasta el día de Jesucristo»! (Fil. 1:6.)

Ahora bien, ¿qué parte nos corresponde en el desarrollo del potencial que Dios nos da? ¿Cuáles son los objetivos que debemos proponernos para alcanzar este alto potencial? ¿Qué planes debemos hacer para alcanzar la alta calidad de vida abundante que El nos

tiene preparada? ¿Es mi misión «Id y decid a los otros»?
Dios me ha concedido el hermoso don de la feminidad.
¿Debería ser mi objetivo orientar mi vida para cumplir
este papel de mujer?

No tiene por qué ser así forzosamente...

CAPITULO DOS

VIDAS DE UNA SOLA VIA

La vida moderna me parece como un perrito al que han rodeado con una cerca, que va de un lado a otro como loco, no haciendo más que ir volviendo sobre sus pasos. Careciendo de sentido en esta vida y sin ningún ideal de destino para una vida futura, usamos toda esta actividad para rellenar el vacío. Como creyentes puede que estemos cantando al «dulce más allá», en tonos más o menos sentimentales. Puede que veamos un leve resplandor dorando las colinas de la tierra de promisión, el destino ulterior, pero el cielo está demasiado lejos para tomarlo seriamente.

Somos como el crío al cual la maestra de la escuela dominical le preguntó si quería ir al cielo, a lo que contestó con un rotundo «¡No!»

«Pero, querido, ¿no quieres ir con Jesús cuando mueras?», inquirió acongojada la maestra.

«¡Eso sí! —contestó—, pero pensé que usted quería decir ahora mismo.»

Sin embargo, no hay duda de que muchos estaríamos dispuestos a subir al expreso hacia el cielo, si nos dieran la oportunidad, en los momentos en que las luchas y angustias en que andamos metidos se hacen insoportables.

No «dónde», sino «quién»

Está bien que pensemos por adelantado en el lugar que Dios tiene preparado para nosotros. Los límites más lejanos a que alcanza nuestra imaginación finita no pueden ni empezar a concebir lo maravilloso que será lo que se nos tiene prometido. Pero, la vida eterna no empieza «cuando suene la trompeta, y a todos nos llame allá», sino en el momento en que somos restaurados a la familia de Dios.

El cielo, pues, no es el objetivo final de la vida. Es más bien una gloriosa continuación de nuestras vidas transformadas en relación con la presente, que vivimos ahora en Dios. El lugar, pues, no es demasiado importante. La relación personal es lo que cuenta y es en lo que hemos de concentrarnos.

Como hija, no me preocupo mucho de lo que me pueda corresponder en herencia de mis padres algún día. Esto será un producto acostumbrado que deriva del parentesco. El fundamento de nuestra relación, comunicación e intimidad no es una «fortuna» para el futuro. Es más bien los lazos de amor que nos unen y continúan creciendo. El valor de los regalos recibidos ahora y en el futuro es algo que queda intrínsecamente incluido dentro del valor personal de nuestro mutuo amor.

Podemos aplicar esto a una relación infinitamente más importante: la del hijo con su Padre celestial. No tenemos que poner nuestra mira en la herencia. No es esto lo que da su magnificencia al cielo. Nuestra relación de amor con Dios es lo que da significado a la eternidad en nuestras vidas. Nuestras vidas deberían estar centradas en la respuesta al amor del Padre. Es aquí que encontramos el objetivo principal de nuestra vida, lo mismo que el de la vida venidera.

Esto hago

Hace unos años sentí, como si abriera nuevos horizontes a mi vida, la respuesta que dio el doctor Clyde Taylor, miembro de la Asociación Nacional de Evangélicos (NAE), cuando un joven le hizo la pregunta: «¿Cuál es su más ardiente deseo en la vida?»

Yo estaba escuchando y esperaba una respuesta grandilocuente, que reflejara la tremenda y efectiva labor del doctor Taylor en el ministerio de las misiones y en evangelismo. La respuesta de este hombre de Dios fue muy simple:

—Obedecer a Jesús, agradarle.

Nuestro deseo máximo, nuestro objetivo en la vida debería ser éste: agradar a Dios. Jesús dio la misma nota cuando se le pidió que declarara cuál era el mandamiento más importante: «Amarás al Señor tu Dios, con todo tu corazón, y con toda tu alma, y con toda tu mente». (Mateo 22:37.) La esencia de amar a Dios con todo nuestro ser —nuestra mente, voluntad, emociones— es que deseemos agradarle sobre todas las cosas. Creo que esto se realiza de dos maneras.

La primera manera es obedecer sus mandamientos con gozo y concienzudamente, y crecer en sensibilidad para captar las direcciones que proceden de Su Espíritu. Esto es parte integrante de toda buena relación entre padre e hijo. Conozco algunos de los deseos de mi padre, porque me los ha expresado verbalmente. Conozco otros de sus deseos porque he pasado tiempo con él y he aprendido a observar. Mi amor, en acción, para él es obedecer alegremente su autoridad y desear saber más de lo que le agrada. Esta debería ser nuestra respuesta al amor mucho mayor de Dios.

La segunda vía para cumplir nuestro obetivo es la que Jesús nos indica en el siguiente versículo: «Amarás a tu prójimo como a ti mismo». (Mateo 22:39.) Una vez puesto en aplicación, esto significa que al aceptarme a mí mismo, estoy libre para aceptar del mismo modo a otros y demostrarles la calidad del amor de Dios. Al comprender mi significado para Dios como individuo puedo ver el significado de otros individuos también. Puedo amarles de modo genuino, porque Dios los ama y yo amo a Dios y deseo complacerle.

Si seguimos deseando complacer a nuestro Padre y hacemos de ello la fuerza motivadora única de nuestras vidas, tendremos un sentido de equilibrio. Estaremos debidamente relacionados con Dios, lo mismo que con nuestro prójimo. Y al final del tiempo, Dios completará su obra transformadora en nosotros. «Seremos semejantes a El, porque le veremos tal como El es.» (1.ª Juan 3:2.) Por toda la eternidad nuestros corazones agradecidos continuarán adorándole, amándole de modo perfecto a El y a los otros ciudadanos de Su Reino. De esta manera, nuestro principal obetivo en esta vida será tal, que seguirá motivándonos para siempre.

Nuestra oficina central de investigación

Volvamos ahora a reanudar el hilo de un tema tocado antes. El evangelismo es sin duda parte de la respuesta a la comisión o mandato de Jesús a sus discípulos y debe ser obedecido. Pero, el privilegio de ser una vía a través de la cual obre el Espíritu Santo se limita a esta vida sólo. En nuestra vida futura «toda rodilla se doblará en el nombre de Jesús y toda lengua confesará que Jesucristo es el Señor, para gloria de Dios Padre». (Fil. 2:10-11.)

El ser hombres y mujeres piadosos, cada cual en sus papeles ordenados, es esencial en la economía de Dios en el tiempo y en el espacio. Con todo, la diferenciación de sexos está también limitada al paréntesis en que el tiempo existe, dentro del curso de la eternidad. Se trata de uno de los muchos objetivos valiosos por los que cabe esforzarse, y a menos que sean subsumidos en nuestro objetivo eterno, pueden ser causa de mucha contrariedad y frustración.

Pongámoslo en términos de viajes. Un viaje puede tener muchos momentos de interés y emoción, pero son muy pocos los que compran el billete sólo para hacer el viaje. El propósito del billete y del viaje es llegar al punto de destino.

El recorrer el trayecto del viaje, aunque absolutamente esencial para llegar al punto de destino, no es el objetivo del viaje. Puede que haya paradas, retrasos, cambios de horario y aun averías. Pero el viajero que piensa en su destino final y tiene garantías del piloto de que van a llegar, se ajusta a las interrupciones y dilaciones. Los pasajeros que hacen el viaje por el placer de hacerlo, se van a sentir muy contrariados por estas incomodidades.

Puede que me sienta inclinada a entrar en cierta esfera del trabajo cristiano, un objetivo valioso en sí. Pero si este objetivo no es visto como modo de transporte para alcanzar mi objetivo más elevado, o sea, mi destino, probablemente será para mí una carga. Por ejemplo, puedo sentirme destinada a consagrarme al trabajo en una área del extranjero. Podría ver mi misión como un supremo sacrificio y cumplirla como un misionero quejumbroso, que sigue adelante por un sentido torcido del deber. Si separamos este sentido de obligación, o cualquier otra cosa que hagamos, del deseo superior de agradar a Dios, el buen objetivo se convierte en una endecha. Si circunstancias desgraciadas, como una salud pobre, me impiden llevar a cabo mi objetivo específico, me encuentro perdido y desilusionado.

No quiero que se me comprenda mal... creo en la labor misionera, de todo corazón. He estado investigando en la posibilidad de una contribución personal en esta área recientemente. Pero no la veo como un fin en sí. El Rev. Bill Harding, un respetado líder misionero, me dijo una vez: «Es su "relación", no su "localización" o su "vocación" lo que es realmente importante.»

¡Esto da en el clavo!

El individuo, haciendo viva esta filosofía, debería ser flexible. Debe hallar oportunidad de llenar su objetivo en cualquier situación o circunstancia. Incluso objetivos diarios que pueden parecer insignificantes, como hacer una cierta cantidad de trabajo en un tiempo determinado, pueden tener su lugar en la pauta de una vida que trata de agradar a Dios. Si las interrupciones o las irritaciones destruyen un horario perfecto, las ve como un método diferente de realizarse su objetivo.

Un ejemplo reciente de esto, que me afecta a mí misma todavía, no se ha enfriado aún: acaba de salir del horno. Mientras estaba escribiendo hoy mi sobrina de seis años me pidió que hiciera algo que le había prometido. ¿Debía abandonar la pluma y con ello perder la inspiración, o bien hacer caso de ella y cumplir lo prometido? Lo hemos pasado muy bien con mi sobrina, y no se ha perdido ni un momento para la consecución de lo que es realmente importante.

Tendemos a hacer la vida cristiana demasiado complicada y difícil. Nos empantanamos en «haz» y «no hagas»; nos condenamos por el «hice» y «no hice»; nos sentimos abatidos por el «no debía haberlo hecho» y «debía haberlo hecho». Si viviéramos la vida diaria conscientes del objetivo de agradar a Dios, ¿no nos sentiríamos mucho más elevados y cerca de El? Nuestro estilo de vida, nuestras decisiones, nuestras relaciones personales, todo sería controlado por esta oficina central de investigación.

Hombre, mujer y persona

Este objetivo de agradar a Dios puede ser común a todos, pero nuestros medios de transporte (u objetivos) son variados. Hay tantos «modelos» diferentes como individuos. Recordemos que todos somos individuos a la vista de Dios. Podemos usar como vehículo desde patines a cohetes espaciales, pero Dios ha diseñado los vehículos de transporte que usamos de modo que nos den el mejor medio de transporte para nosotros, el más adecuado.

Así, nuestros objetivos, van añadiendo el kilometraje, diariamente, cada mes o para toda la vida, y son importantes en extremo. Si se corta la comunicación con la central, los objetivos, por valiosos que sean en sí, serán básicamente egoístas. Podemos hacer toda clase de maravillas para el Reino, pero si el motivo no es agradarle, le somos infieles.

Un par de factores inherentes a la persona y a la situación (aparte de nuestra individualidad), tienen una gran influencia en nuestros motivos de cómo corremos. El primero se refiere al tipo: masculino o femenino; el segundo a si guiamos en solo o en dúo: solteros o casados. Pero, la satisfacción no se basa en el hecho del género, masculino-femenino o del estado o «falta de estado» matrimonial. Estos dos factores contribuyen a su modo al objetivo final, pero no son nunca fines en sí mismos.

Hace unos meses una de mis estudiantes a punto de pasar a ser «señora» estaba hablando conmigo acerca de sus sentimientos con respecto a ser una mujer y una mujer «casi casada» de un modo especial. Me hizo una pregunta que me estimuló a pensar: «¿Se es más importante como persona o como mujer, Virginia?»

La pregunta, inesperada, me dejó algunos momentos indecisa. Balbuceé algo y finalmente dije: «Perdona, no sé cómo separar las dos. No puedo ser por completo una persona sin ser también por completo una mujer. Ni ser mujer completa sin ser persona completa. Y no puedo ser ni una ni otra si no llego a un nivel más alto: "ser hecho conforme a la imagen de su Hijo" (Romanos 8:29). Esto significa que diariamente tengo que asemejarme más a un hijo que complace a su padre, como era Jesús».

La diferenciación en los sexos es una provisión de Dios en la creación. Cuando Dios estaba bosquejando el guión del Génesis, no creo, ni por un instante, que el II Acto, la entrada en escena de Eva, fuera una idea añadida, que se le ocurrió más tarde. Dios creó a los animales, de ambos sexos, y les ordenó que se reprodujeran y multiplicaran. Adán entró en escena en un «solo», y fue la primera vez que Dios dijo «No es bueno…». Todo lo demás lo había sido. El resultado fue una hermosa y deliciosa historia de amor. Pero dejemos esto para después.

Matrimonio, soltería y satisfacción

Quizás el factor más sensible de nuestro «vehículo» es si hay un piloto y un copiloto. Puede incluso ocurrir que alguno sienta que está viajando en calidad de «bagaje no reclamado todavía», como en sorna cariñosa sugiere mi hermana. Todo esto es importante, porque nuestra naturaleza, con un poco de ayuda del sutil maestro de la mentira, trata de convencernos de que éste es un punto central alrededor del cual giran nuestras energías. La persona no casada puede verse como potencialmente atrofiada, por falta de un compañero o compañera en la vida. El casado puede verse incapaz de «encontrarse a sí mismo», ser verdaderamente liberado.

He aprendido mucho de mi hermana a este respecto. Ella siempre se ha interesado y ocupado en música, para la cual tiene mucho talento. Desde que ha aumentado la familia le ha sido imposible tomar más lecciones en serio, y no hay tiempo para ejercicios, etc. Podría sentirse contrariada, parada en seco y creer que su «genio» ha sido anulado. En cambio, ha aceptado su papel de esposa y madre con gozo, viendo en ellos lo primero en la vida.

Su papel le ha dado toda clase de oportunidades para sentirse creativa en el canto de la generosidad, música en la que Dios se deleita. Ve su objetivo de desarrollar su talento musical como aplazado meramente, y que cuando sea factible, volverá a ocuparse de él. Este objetivo lo perseguirá también con más decisión y con mayor gozo, porque lo apreciará más al haber tenido que esperar.

¡Qué preparación para la VIDA —no ya la vida de matrimonio— es practicar una vida en que abunda el amor desinteresado y generoso! Mucho se ha dicho y escrito de los varios papeles de la vida: hombre, mujer, casado, soltero, y toda combinación posible. Mucho se puede decir en favor de cada caso, pero, muchas veces, pensar en términos de estos papeles no hace más que confinar y crear estereotipos.

No hago el papel de una «mujer soltera». Hago MI papel, especialmente escrito para mí por el Director. El tema central de esta parte es el poner en acto diariamente la cualidad generosa del amor. El hacer cosas, en sí, no tiene por qué cambiar mi yo básico, aunque habla de mis prioridades y sentido de responsabilidad.

Las experiencias diferentes dan perspectivas diferentes, pero el desarrollo del «yo interior» va siguiendo como un proceso continuo. La edad y la experiencia no tienen por qué cambiarnos; a veces todo lo que ocurre es que se hacen más profundas las viejas rutinas.

Dios está interesado en la transformación: «Por tanto, nosotros todos, mirando a cara descubierta, como en un espejo la gloria del Señor, somos transformados de gloria en gloria en la misma imagen, como por el Espíritu del Señor». (2.ª Cor. 3:18.)

Empezamos por vernos como personas especiales a causa de la creación y la redención. Nuestra nueva relación con Dios nos da un impulso unificador para la vida: el agradar a Dios pagando su generoso amor con la adhesión de nuestra mente, voluntad y emociones. Vemos que el contentamiento en nuestro sexo o estado está en relación con el otro objetivo principal.

Pero volvamos a la historia de amor en el jardín...

CAPITULO TRES

PARA HOMBRES Y MUJERES
SOLAMENTE

Cuando estoy de muy buen humor pienso que sería interesante que pudiéramos volver a ver algunas escenas bíblicas, como en una película, repetidas otra vez. ¿A quién no le gustaría ver la cara de Adán, cuando, al despertarse, y después de haber perdido una costilla, se encontró con Eva a su lado y, luego de soltar un «¡Arrea!» o algo semejante, con más cortesía, añadió: «No nos hemos visto antes en algún camino del jardín?»

Es de suponer que Eva bajó los ojos y dijo: «No lo creo, porque he llegado recientemente, pero a mí también me parece como si nos hubiéramos visto antes».

Aunque se me pueda acusar de ligera de cascos o atrevida, lo que trato de conseguir es recrear algo de la frescura y sorpresa del momento. Adán, después de nombrar y observar los animales, tenía que darse cuenta de que iban en parejas. Hasta aquel momento había estado solo y ahora veía completarse la obra de Dios. ¡Qué emoción al abrazar a Eva y saber que era parte de él mismo!

La humanidad fue completada como una unidad especial de la creación. Adán respondió: «Esto es ahora hueso de mis huesos y carne de mi carne; ésta será llamada Varona, porque del varón fue tomada.» (Gén. 2:23.)

Luego viene una cita directa de Dios: «Por tanto, dejará el hombre a su padre y a su madre, y se unirá a su mujer, y serán una sola carne.» (Gén. 2:24.)

Jesús confirma esta afirmación de Dios y luego añade en Mateo 19:16: «Por tanto, lo que Dios juntó, no lo separe el hombre». Esto da la estampa completa de la permanencia que Dios intenta que tenga la relación matrimonial.

De la perfección creada al caos

Es significativo que Eva fuera formada de la carne de Adán y no del polvo de la tierra, como Adán había sido hecho. San Agustín dice en una cita que es familiar: «Si Dios hubiera querido que la mujer gobernara al hombre, la habría formado a partir de la cabeza de Adán. Si hubiera deseado que fuera su esclava, la habría formado a partir de los pies, pero Dios tomó a la mujer de su costado, con lo cual la hace su compañera, igual a él».

Para mí lo más emocionante de toda la historia de la creación es que el hombre y la mujer sean literalmente parte el uno del otro, que sean «una sola carne». Fueron creados para formar un equipo, a fin de cumplir los propósitos de Dios, así como para disfrutar el uno del otro. Esto hace de la «batalla de los sexos» un concepto ridículo y trágico.

El dicho corriente tan explotado en anuncios: «¡Las cosas han cambiado mucho, amigo!», ironizando sobre lo ilimitado del progreso hecho por la mujer hacia su libertad, me parece hacer énfasis en una confusión entre lo permitido y lo permisible.

Este jardín del Edén fue también el escenario del principio de algo que ha malogrado a los dos, el que hombre y mujer se hayan lanzado a perseguir sus fines egoístas. Francis Schaeffer llama al resultado de la Caída «el principio de las grandes separaciones»: la separación de Dios y el hombre, el hombre de sí mismo, el hombre del hombre, y el hombre de la naturaleza.

«Adán quedó separado de Eva. Los dos trataron de empalmar el uno al otro la culpa de la Caída. Esto señala la pérdida de la posibilidad de andar juntos verdaderamente, cogidas las manos, en una democracia utópica.

»"Y tu deseo será para tu marido, y él se enseñoreará de ti" (Gén. 3:16). En un mundo caído, una democracia pura era imposible. Pero, Dios da estructura a la principal relación del hombre: la del hombre y la mujer.

»En un mundo caído (en toda clase de sociedad, grande o pequeña y en toda relación) la estructura es necesaria para el orden. Dios mismo aquí la impone en la relación humana básica. La forma es dada y sin ella la libertad se transforma en caos.» [1]

1. Citado de «El Génesis en el Espacio y en el Tiempo»,

La palabra caos es apropiada para describir la presente relación entre hombres y mujeres. Al rechazar la pauta dada por Dios del liderazgo para el hombre, rechazamos la fórmula que posibilita una relación libre y sana. Dios quiere restaurar la unidad complementaria que ha creado, pero, aparte del orden establecido por El, es imposible.

1. Citado de «El Génesis en el Espacio y en el Tiempo», por Francis A. SCHAEFFER. Copyright 1972, por L'Abri Fellowship, Suiza, págs. 97, 98, 103. Usado con permiso de Inter-Varsity Press, USA.

Un puente de amor y respeto

El concepto de la sumisión ha sido mal interpretado y aplicado erróneamente hasta el punto de que su intento original se ha perdido casi. Ninguna criatura se escapa de estar sometida a una autoridad superior. En lugar de ver la sumisión como una jerarquía de arriba a abajo, hemos de ver este orden amoroso y protector de Dios como una relación lado a lado. En la relación entre el hombre y la mujer, en vez de ver quién manda y quién obedece, veamos quién tiene una responsabilidad particular.

Pablo escribe sobre este orden a la iglesia de Corinto, a causa de su desorden caótico:

«Pero, quiero que sepáis que Cristo es la cabeza de todo varón, y el varón es la cabeza de la mujer, y Dios la cabeza de Cristo.» (1.ª Cor. 11:3.)

Pablo da relaciones de responsabilidad adicionales en Efesios 6:1, 5:

«Hijos, obedeced en el Señor a vuestros padres, porque esto es justo... siervos, obedeced a vuestros amos terrenales, con temor y temblor, con sencillez de vuestro corazón, como a Cristo.»

Estas relaciones no amenazan o insultan nuestra libertad o dignidad: ¡la definen! Y en todas ellas vemos que Dios ha designado una cierta respuesta del uno al otro tal que, si es ejecutada, restaura la unidad original de la creación.

Habiendo establecido este punto, volvamos a la relación entre hombre y mujer. Aquí Pablo escribe:

«Las casadas estén sujetas a sus propios maridos, como al Señor... maridos, amad a vuestras mujeres, así como Cristo amó a la iglesia, y se entregó a sí mismo por ella.» (Efesios 5:22, 25.)

Esta es una hermosa relación, tal como fue planeada por Dios, que debería ser puesta en vigor en vez de ser descartada en las relaciones matrimoniales. El hombre debe ser amado, la mujer respetada, y el intercambio pronto tiende un puente de amor y respeto en las dos direcciones.

Mi hermano se casó hace unos años y la boda incluyó estos votos que creo reflejan el amor y respeto, el plan bíblico, necesario para una verdadera unidad y felicidad:

«Karen, te amo,
    y en una entrega total te ofrezco mi vida.
    Mi amor para ti lo abarca todo,
    pero es especialmente profundo en la unidad de que
    gozamos con el Hijo de Dios.
    Es mi cumplimiento el amarte y quererte,
    como a mí mismo.
    Es mi deleite el tenerte
    en la mayor y más alta estima.
    Tu amor para mí, Karen, es sin duda un tesoro
        mayor
    que todos los tesoros de la tierra para mí.
    Te pido que aceptes mi amor.»
«Stephen, te amo,
    y con gozo te entrego mi vida.
    Has añadido una nueva dimensión a mi vida
    al amarme como lo haces.
    Tu amor es paciente, tierno, comprensivo.
    Respondo a este amor y deseo amarte más
    perfectamente,
    mientras vivamos juntos.
    Deseo complementarte
    en todas las áreas de la vida;
    experimentar tus goces y penas
    cuidarte, cubrir tus necesidades.
    Prometo seguir tu amante guía
    y honrar y respetar tus juicios
    mientras andamos juntos, cual si fuéramos uno,
    por los caminos de Dios.»

Al pobre apóstol Pablo se le acusa de arrogante y de mantener puntos de vista chauvinistas. La mayoría de lo que enseña con respecto a las mujeres, está vinculado a normas culturales o problemas de una iglesia específica. Se puede suponer con mucha base que respetaba y admiraba a las mujeres como iguales a la vista de Dios. A menudo las menciona en sus cartas.

Pablo hace la decisiva afirmación igualitaria que sigue:

«Pero en el Señor, ni el varón es sin la mujer, ni la mujer sin el varón; porque así como la mujer procede del varón, también el varón nace de la mujer; pero todo procede de Dios.» (1.ª Corintios 11:11-12.)

Dios diseñó al hombre y a la mujer como una unidad aunque hizo ciertas divisiones en las tareas. El papel del hombre es amar, proveer y proteger. El de la mujer, respetar el liderazgo del hombre, ser «madre de todo lo viviente», que es el significado genérico del nombre de Eva.

Los solteros también

¿Cómo se aplica todo esto a los hombres y mujeres que son solteros? ¿Están excluidos de esta norma de compañerismo y del principio del orden de Dios? De ninguna manera. El concepto original de respeto mutuo y de estima, unido todo ello a un sentido de compañerismo, no es para los casados sólo, de modo definitivo. Pero hablaremos de esto más adelante.

Un principio que gobierna todo lo creado por Dios (hombres y mujeres) es la responsabilidad del uno y su autoridad para dirigir, y que el otro, el protegido, respete este liderazgo. Creo que en el orden natural, en las relaciones hombre-mujer, es el hombre el que inicia y la mujer quien responde. Pero una mujer no debe sentirse compelida a obedecer a cualquier hombre, sino al marido. Con todo, puede respetar y animar al hombre que toma el papel de líder en una relación. Este concepto, por otra parte, no disminuye mi integridad ni mi individualidad, ¡sino que aumenta las dos!

El «espíritu humilde y sumiso» no es el de un tipo femenino, sino más bien un reflejo de la belleza interior del alma. Este espíritu no reclama derechos, sino que acepta con gozo la autoridad, sea de Dios, del gobierno, del padre, del marido o del jefe. Esto, como se ve, no elimina el hecho de que los otros tengan que ser «humildes de corazón».

Dulcinea contra Tarzán

Los conceptos tradicionales y corrientes hoy día de masculinidad y feminidad declaran que hay vastas diferencias psicológicas entre el hombre y la mujer. Los hombres se consideran los iniciadores, mientras que la mujer responde a estas iniciativas.

Al hombre se le pinta como lógico, racional, activo y agresivo o ambicioso. La mujer es emotiva, dependiente, pasiva y responde de modo cálido. El hombre es visto como objetivo, directo, democrático. Una mujer es subjetiva, sensible y en parte intuitiva.

Quizá... quizá...

Por mi parte no puedo afirmar personalmente esta división de categorías, de tipo tan radical. Es posible que haya tendencias en este sentido; sea como resultado de un influjo genético o pautas culturales no me es posible afirmar nada.

Tratemos de aclarar de un modo realista lo que masculinidad y feminidad deberían significar. En contra de la opinión tan expuesta, no se trata del atrevimiento y rapacidad posesiva del animal macho en contra de la fragilidad, timidez e impotencia seductora de la hembra. Como mi condición genética es de hembra, definiré primero lo que creo que debería ser la feminidad.

Una mujer que es femenina es la que está satisfecha de serlo de un modo genuino y se siente bien con su cuerpo y su personalidad.

Está alegre de ser una mujer, y con gozo y gratitud acepta el don de Dios de su condición genética. Un escritor describe así a esta mujer:

«La mujer inolvidable tiene un fondo profundo de "autosuficiencia". Es una persona por propio derecho. Tiene un sentido de serenidad y seguridad personal, alguna de sus alegrías son interiores, tiene una existencia satisfactoria en su mente y su imaginación. Esta integridad y riqueza interior evita que esta mujer sienta el deseo esclavizante de agradar. Le da una maravillosa simplicidad y la protege de inquietarse por pequeñeces y mezquindades...»[2]

Una mujer femenina quiere y aprecia a los hombres de modo genuino, porque los respeta con sinceridad, no por las alabanzas y admiración de que la hacen objeto.

No se amedrenta ante ellos como si fueran sus superiores, ni los desdeña como a inferiores.

Reconoce su responsabilidad en la dirección, con aprecio y no se resiente de ella.

Rehúsa jugar a juegos competitivos o halagadores por motivos egoístas, y se esfuerza para cumplir una misión de complemento.

Contribuye a que los hombres sientan y gocen de su responsabilidad como hombres.

Muestra su admiración y aprecio sin ser inmodesta o amenazante.

No se preocupa de tejemanejes cautivadores sino

2. Ardis WHITMAN, «La Mujer Inolvidable» de «El affair matrimonial», ed. J. Allan Peterson (Wheaton, Illinois, Tyndale House Publishers, 1971), pág. 116.

que tiene un sincero deseo de conocer y querer a los hombres como individuos.

Una mujer así da evidencia de una creciente sensibilidad —la habilidad intuitiva de reconocer y cubrir las necesidades de otros.

Es perfectamente libre de entregarse, teniendo una capacidad de amor profunda.

Sabe cómo escuchar con intención como si la persona que habla con ella y lo que dice le fueran de la mayor importancia; y en realidad lo es. Tiene la inteligencia, sabiduría y experiencia de hacer de este escuchar un motivo de placer para ella y para los demás.

Sabe cuándo hablar y cuándo callar.

Sabe cuándo hay que consolar con empatía y cuándo hay que dar apoyo.

De un modo amoroso y perspicaz sabe cuándo es necesaria su presencia y cuándo es preferible que esté ausente.

No equipara los problemas de los otros a los propios, creyendo que lo entiende todo; pero suavemente se hace una con la persona que sufre y luego dirige el dolor de la herida a Aquel que lo entiende todo.

Una mujer femenina es una mujer que responde, éste es un producto natural de su sensibilidad.

Demuestra gozo, entusiasmo, saborea el «momento».

Es atraída por la belleza, especialmente cosas como flores, pájaros, ocasos.

Es capaz de transformar lo embarazoso e inoportuno en divertido, chocante, gracioso.

Tiene la gracia de hacer que los demás se sientan a gusto y aceptados; a toda clase de gente y en toda clase de situaciones, sea quienes sean, sea donde sea.

Produce evidencia de cualidades y talentos en otros, que sólo necesitan que se frote levemente para que aparezcan.

Tiene una sed insaciable para aprender, para experimentar nuevas aventuras. Prosigue el desarrollo de todo el potencial que Dios le ha dado en todas las facetas de su vida con entusiasmo.

Esto es para mí una mujer femenina.

Para la definición de un hombre masculino usaría la misma lista de virtudes, con una excepción que se refiere al liderazgo: «Reconoce la responsabilidad de estar al frente, con un deseo de sabiduría en humildad, no ensoberbeciéndose por su posición.»

De modo que, en la opinión de una persona por lo menos, una mujer «femenina» y un varón «masculino» o «de veras» tienen muy semejantes características. La verdadera masculinidad y feminidad no se encuentran en los síndromes de Dulcinea y de Tarzán. Van mucho más profundo que el tipo o aspecto del cuerpo, los vestidos y el modo de expresión.

La verdadera masculinidad y feminidad están enraizadas en el desarrollo de un carácter fuerte y un amor generoso. Una mujer dominadora y agresiva no atrae, no porque no sea «femenina», sino porque demuestra un egoísmo básico. Un hombre tímido y medroso no atrae no porque no sea masculino, sino porque revela su falta de autoaceptación y propósito.

El hombre masculino auténtico y la mujer femenina auténtica viven de un modo significativo porque se aceptan a sí mismos y el sexo que Dios les dio. Ponen su mirada en un objetivo: vivir una vida que agrade a Dios. A fin de conseguir esto en los sucesos naturales de cada día han de comprometerse a reflejar el carácter revelado de Dios. Este es un proceso continuo de escoger lo mejor y eliminar lo otro.

Aunque son conscientes de su objetivo, agradar a Dios su espontaneidad no es aplastada por un sobresaltado «¿De veras quiere Dios que ahora respire?» preguntado cada vez que se mueve un dedo. El impulso central de agradar a Dios se hace parte de modo natural de las decisiones diarias y viven con un sentido de libertad para ser lo que Dios quiere que sean. Están poniendo en práctica el «No me hago viejo, me hago mejor». Quieren construir esta fuerza de carácter e integridad por medio de vidas disciplinadas y obligadas.

Sí, es diferente, pero...

No se crea que quiero sugerir que no hay, o no debería haber, diferencias entre el hombre y la mujer. Las diferencias estructurales y funcionales no se pueden negar y ¿quién desea que se pudiera? Sería un mundo monótono, soso, romo, si no hubiera las diferencias en el aspecto, vestido, gestos y modos de expresión existentes entre las diferentes personas... pero, mucho peor sin las que hay entre hombre y mujer.

El vestido refleja el modo en que una persona se ve a sí misma. Es triste ver a una persona que viste de tal forma que proclama abiertamente que la medida de lo que ella ve valioso en sí misma está determinada por lo que pueda atraer mejor al sexo opuesto. El vestido también da cuenta de nuestra inseguridad en nuestra identidad sexual, si tratamos de imitar al otro sexo.

La voz, el tono, el porte, los gestos también deben de estar de acuerdo con las normas culturales y exigencias biológicas. Un hombre de voz atiplada o que se contonea es más o menos tan atractivo como una mujer que berrea o da palmadas que hunden la clavícula del prójimo.

Sean biológicas o culturales, ciertas tendencias son evidentes, típicas y aparecen con regularidad. La naturaleza más emotiva de la mujer es absorbida en la maternidad y actividades afines, lo cual está en el plan de Dios.

Pero, los hombres pueden demostrar la misma profundidad de afecto, aunque la forma de expresión es diferente. Recordemos que debe de ser el hombre el que tiene la responsabilidad primordial de amar en el orden de la unidad divina. La mayoría de las mujeres fácilmente están de acuerdo en que uno de los caracteres más atractivos en un hombre es la ternura, pues demuestra una «fortaleza controlada».

La naturaleza raciocinativa, objetiva del hombre le equipa para proveer y proteger, que es el orden natural divino. Con todo, la mujer puede hacer uso de excelente lógica, incluso cuando se halla oscurecida por su tono emocional. Estas mujeres prudentes son respetadas y admiradas y se depende de ellas, lo mismo por parte de los hombres como de las mujeres.

Los individuos de los dos sexos deben quererse de modo genuino, a sí mismos y a los miembros del sexo opuesto, apreciando el plan divino de unidad. Necesitan desarrollar sensibilidad y capacidad de responder, lo que aprenden de la calidad generosa del amor divino. Entonces pueden expresarse libremente como hombres y mujeres por derecho propio.

Estos individuos pueden mantenerse dentro de las normas culturales sin sentirse estereotipados. Tienen un sentido profundo de su identidad sexual. Cesarán en la escaramuza infructuosa del batallar entre sexos, no para entrar en un régimen de tolerancia mutua, sino de perfecta complementación. Esto es parte de los más altos designios de Dios para nosotros. Es el standard que le complace.

Y, ¡qué modo de vida!

Algunos pueden, sin embargo, comentar:

«Esto suena magnífico, estupendo. Pero, no lo acabo de ver claro. ¿Es posible tener este tipo de relación ordenada por Dios sin casarse? ¿Cómo puedo proteger y proveer si no tengo una familia? ¿Cómo se puede responder y mostrar afecto maternal sin tener un hogar?

¿Estamos diciendo que, al fin y al cabo, lo que determina la satisfacción, el cumplimiento, la consumación de este orden ideal es el matrimonio?

CAPITULO CUATRO

SI EL MATRIMONIO ES LA RESPUESTA, ¿CUAL ES LA RESPUESTA?

«Ser o no ser» —casado, se entiende—. Pero ¡esta no es la cuestión!

Cada semana llega a mis oídos un par de comentarios (a veces más) diciendo: «¿No sería hora de que algún muchacho se enamora de ti, Virginia?»; o «¿Por qué no buscas algún buen chico…?» (Por cierto que no he creído nunca que los chicos se escondieran.)

A una chica de mediana edad, amiga mía, que no se ha casado, le han preguntado más de una vez con evidente indelicadeza: «¿Qué ha pasado?» Mi amiga responde invariablemente, y con cara seria: «No he encontrado todavía el chico que merezca ser lo feliz que yo podría hacerle». Antes de terminar, su cara se ilumina con una sonrisa equívoca. A veces, añade, como corolario: «Mira, me ha costado tanto llegar a este estado de bienaventuranza que antes de renunciar a él hay que pensárselo». Su vida es muy activa y ocurren en ella muchas cosas que la llenan de satisfacción, por lo que no hay tiempo para la melancolía. No se opone a que cualquier día «se cruce con el que debe ser», pero de momento su vida está llena de actividad y satisfacción.

Pero, la impresión de la mayoría es todavía que el matrimonio es la llave para una vida completa, y aquellos que no la han alcanzado son objeto de compasión. A menos que sean sospechosos. Un agudo observador de la vida preguntó una vez: «Si el matrimonio es la respuesta, ¿cuál es la pregunta?»

¿Dejado o entrampado?

¿Cuál es el lugar de esta bendita institución en la economía de Dios? ¿Cómo deberían los individuos, dentro y fuera de ella, contemplar su significado?

La cultura del siglo xx todavía encuentra que la norma es el matrimonio, aunque el concepto legal de unidad familiar está sufriendo un declive en popularidad. La comunidad cristiana, reaccionando a esta amenaza a la solidez del matrimonio defiende su santidad y su valor sociológico y hace bien. La población soltera se encuentra con frecuencia atrapada en el fuego cruzado de los dos campos.

El mundo puede acusar al no casado de un estilo de vida aburrido, inocente; sentir compasión por él a causa de su falta de actividad o intereses sexuales; y luego explica una situación con la otra, es decir lo primero por lo segundo. Es conocida la expresión: «Las chicas buenas siempre son las últimas.»

La Iglesia, aunque exteriormente alaba su «sacrificio», puede por dentro sospechar su carácter y su verdadera naturaleza. La menor debilidad o indiscreción se echa en la cuenta de: «Bueno, bueno, ¡se puede entender bien porque no está casado (o casada)!» Hay muy pocas actividades planeadas en la iglesia para los no casados después de la edad del «college» que son probablemente los que más necesitan compañerismo y estímulo.

Algunas de las llamadas «víctimas» de este destino de soltería se sienten frustradas y confusas, no sólo a causa de este eterno prejuicio, sino también por las presiones internas. «¿Qué es lo que me pasa?», es la frase en cifra que lo expresa y que puede fácilmente significar: «¿Qué es lo que le pasa a Dios?» (en cuanto a mí).

Cuando los amigos y parientes de edad similar han ido desfilando todos para prosternarse ante el altar y uno se queda mirando con el último puñado de arroz (o de confetti si se quiere) en alto, que todavía no ha sido tirado a los novios, quizá no es extraño preguntarse: «¿Y por qué no yo?» Pero el que no sea extraño no hace que sea saludable y menos si uno añade luego lástima por uno mismo y quizás envidia por los otros. Este resentimiento y amargura pueden destruir todo potencial de cumplimiento y satisfacción, incluso si en el futuro llega por fin la luna de miel y el hogar, ¡dulce hogar!

Por otro lado, los casados son también víctimas de sentimientos de duda y desánimo semejantes. Muchas han entrado en la norma de la sociedad, y ahora desean, quizá secretamente, hallar la salida, por medio de otra de las normas de la sociedad, el divorcio. Puede que se hayan desilusionado de las rutinas sin lustre, de las tareas poco románticas y aun de la soledad y abandono. Esperaban que el cónyuge lo entendería y se haría cargo de todo, y cuando hay críticas e incomprensiones se retraen pronto de la verdadera comunicación.

Leen acerca del concepto de matrimonio abierto, y aunque verbalmente lo desdeñan, secretamente piensan que no es tan mala idea. Leen acerca del gozo del matrimonio cristiano, y aunque asienten con un «Amén», en secreto se preguntan cómo es posible ponerlo en marcha. Una chica confinada a su trabajo casero y por él privada «De todo lo que me gustaría hacer», también se contagia del virus del «¿Y por qué yo no?», que desemboca en la amargura y el resentimiento.

No quiero decir que nadie en el mundo está contento y satisfecho. He encontrado docenas de individuos, dentro y fuera del matrimonio, que estaban muy contentos. Pero hay una buena cosecha de ejemplos de gente cuyo estilo de vida es defectuoso e insuficiente para darles cumplimiento y felicidad. Y, repito, esta cosecha puede hacerse a ambos lados de la valla matrimonial.

Así que, «ser o no ser...».

¿Es el cumplimiento y la satisfacción completa posible dentro del matrimonio cuando las obligaciones hacia el cónyuge y los niños consumen todo el tiempo y energías? ¿Es por otra parte posible la satisfacción y el cumplimiento total fuera del matrimonio —que fue instituido precisamente para completar la unidad de las dos personas que lo forman, según vimos antes?

La respuesta a las dos preguntas debe ser un ¡SI! decisivo. Parece imposible para algunos verse completos de no ser dentro del matrimonio. Parece igualmente imposible para otros alcanzar un estado satisfactorio fuera del matrimonio.

Cada uno está formado según planes sumamente intrincados y ha sido puesto en un ambiente dado. Dios sabe cuál es la fórmula que puede proporcionar este sentirse completo y nos la pondrá a mano, si confiamos en El para que lo haga. El vehículo de transporte correcto —matrimonio o soltería— depende del viajero, en cada caso. Dios nos conoce infinitamente mejor que nosotros nos conocemos a nosotros mismos, y sabe si llegaremos mejor a nuestro objetivo solos o en compañía. Y aquí es donde miramos por debajo de la superficie para ver lo esencial del asunto.

Si consideramos la forma en que opera nuestra maquinaria, veremos que lo que agrada a Dios es lo que nos satisface. No adoramos a un Dios egoísta que sólo busca su propia gloria, sino a un Padre que desea lo mejor para sus hijos amados.

Mi cuñado colocó esta cita debajo de la fotografía de su futura esposa antes de casarse: «Dios da sólo lo mejor a los que le dejan escoger a El». El encontrar la mejor, más profunda y más noble clase de vida depende de vivir constantemente con este propósito: agradar a Dios. Se confunden, pues, aquí los objetivos: Dios quiere darnos lo mejor. Nosotros queremos agradar a Dios, o sea aceptar lo que nos da. El sistema gira en torno de su amor generoso hacia nosotros.

Si miramos el estado matrimonial como un fin en sí mismo, estamos destinados a la contrariedad y a la derrota, seamos casados o solteros. Si miramos el estado matrimonial como una condición para ser usada y gozada como un eslabón para cumplir un destino más alto, entonces el matrimonio o la falta del mismo no pueden dejar de llenar nuestra vida. Esta es nuestra premisa principal. Ahora, vamos a considerar otras cosas secundarias.

El matrimonio: misión posible

El matrimonio no es sólo una norma en el modo de pensar moderno, es también la norma de Dios. Como hemos visto Dios le da un tratamiento especial en su historia del principio de las cosas. Planeó la necesidad de que hubiera dos para que fructificaran y se multiplicaran, no simplemente uno. Esto es un imperativo biológico. Dentro del pacto del matrimonio, el crecimiento espiritual y personal tiene un lugar apropiado para ser alimentados y acrecentados.

El matrimonio es la vía a través de la cual Dios ha cumplido muchos de sus propósitos en el mundo. La historia de Ester, que por medio de un matrimonio real rescató al pueblo judío, sin duda se comentó ampliamente en aquella época. Su intervención fue altamente significativa en la historia y directamente, en nuestras vidas. Recordemos que Jesús procede de linaje judío.

Dios provee satisfacción y unidad en el último grado para muchos por medio de esta norma matrimonial. Las hermosas historias de amor de Isaac y Rebeca, de Booz y de Rut nos ilustran el deseo de Dios de unir a las personas apropiadas, en el tiempo apropiado, y por razones apropiadas.

Dios usa la unión matrimonial como un ejemplo de la unidad que El desea para todos los creyentes. La iglesia de Dios se dice que es la «esposa de Cristo». Esto no sólo debe darnos ideales muy elevados por los que luchar en el matrimonio cristiano, sino que es también una clave para entender que Dios lo quiere para la inmensa mayoría. La unidad profunda de cuerpo, alma y espíritu que se realiza en la mutua entrega del matrimonio no puede ser duplicada en ninguna otra relación terrenal.

Todo esto da a aquellos que en el presente se encuentran en el estado de soltería, una razón suficiente y lógica para pensar que su estado va a cambiar algún día. Esto, de paso, creo que me incluye a mí también y de un modo anticipado me gozo pensando en cuando llegue el día.

Una chiquilla una vez me preguntó con el ceño nublado: «Virginia, ¿ya te has resignado a no casarte nunca?»

«¡De ninguna manera! —le contesté riendo—. Sólo he empezado.» Esta resignación en modo alguno es para mí. Si no paso a formar en las filas de la mayoría, no será a causa de mi resignación. Creo de modo firme que si llego a la presencia de Dios sin pasar por la experiencia del matrimonio, será una gloriosa confirmación —y no habrá aquí resignación— de que Dios

ha provisto lo mejor para mí, nada más, pero nada
menos.

Algunos dicen que no debería tratar de descubrir en
la vida si sus dotes le hacen propenso al matrimonio
o a la soltería, y obrar en consecuencia. Esto no parece
mal, pero no tengo la menor idea de cómo determinar
la presencia de estas dotes. Es verdad que algunos solteros se ocupan en ministerios y profesiones que hacen casi la vida de familia imposible, o por lo menos
difícil. Pero, la vida no es algo estático y aunque la
vida de casado puede ser desaconsejable en un cierto
momento, no se puede decir lo mismo para el futuro.
Sólo una actitud aferrada de «Esto es lo mío y sansea-
cabó» puede excluir el matrimonio. Otros pueden fundar su decisión en la preferencia por una vida simple: sin cónyuge, sin hijos.

Parece ser saludable y realista ver el matrimonio
como la norma de Dios, y verse uno como parte, o parte
futura, de un plan creado para la unidad y la compañía. Esto no implica, sin embargo, que los que nunca
pronuncian el «Sí» son lo que queda, el sobrante, en
el mundo de Dios. En un sentido muy específico pueden ser los que pertenecen a la categoría de «admitidos»
a una clase de excepciones que Él ha establecido.

Cierto es que Dios sabe cuándo la fórmula para el
cumplimiento y satisfacción de una persona es una identidad con la vida de soltero, y en estos casos aporta una
capacidad abundante para una vida plena. Un individuo
que acepta con gracia esta fórmula y con acción de
gracias, puede en la vida sentirse llamado para cosas
altas y difíciles. Y ni aun esto elimina la posibilidad de
que se trate sólo de la fase ¡no! dentro del programa
de Dios. Hay que admitir, con todo, que algunos son
excepciones permanentes de la norma de Dios, y para
éstos no se debe considerar que sus expectativas no
han sido realizadas sino reemplazadas.

Teniendo un punto de vista único del amor y la

suficiencia total de Dios, la persona soltera puede gozar de una comunión con Dios que es especial, no que sea superior, pero sí distinta. Las relaciones interpersonales pueden ser más extensas y profundas. Una persona soltera puede sentirse libre y creativa para que su vida gire en torno de la vida de muchos otros, para escapar al egocentrismo. Con un poco de esfuerzo, puede experimentar relaciones significativas de protección, provisión y estímulo a otros.

No depende de otro para recibir sanción sobre su valor personal. Sus intereses y experiencias pueden ser más amplios, especialmente en términos de movilidad para el trabajo y para viajar. Tiene un especial impacto en otros, al demostrar amor y generosidad no en blanco y negro sino en color, con una firme convicción de la bondad y fidelidad de Dios.

Voy a insistir. La vida célibe es la excepción en la norma de Dios, descontados unos pocos. Otros puede que se presenten voluntarios para vivirla, o lo hacen como resultado de una resignación apática porque hay que admitir, aunque sea triste, que muchos que viven infelices en las filas de los solteros, no tienen por qué formar en ellas. Su actitud en cuanto a la autoaceptación y el enfoque sexual no es saludable, y se han quedado incrustados en esta vida, con una corriente de amargura en la profundidad.

Quizá sea necesario un revulsivo para muchos, para recobrar una perspectiva de la vida como Dios la tiene planeada, y cambiar las actitudes y una vida insatisfactoria. Con ello puede ser creada una simpatía y atractivo que dé lugar a que el individuo pase de las filas del celibato a las opuestas.

Ahora bien, si hemos de considerar que la expectativa del matrimonio es la norma de Dios, ¿qué significa, exactamente, esta expectativa?

¿Baratijas u oro puro?

El esperar el matrimonio no significa que hemos de reducir nuestro enfoque a los detalles: qué, cómo, dónde, cuándo y quién. El «qué» que obtendremos en el matrimonio no puede ser pronosticado con exactitud, considerada nuestra limitada percepción del futuro. Esta percepción es mucho más dilatada en cuanto al pasado, pero, a ésta se llega después.

Con todo, vale la pena tratar de considerar los requisitos que, al ser cubiertos, contribuyen a un «buen» matrimonio. Es apropiado y valioso ojear la gran cantidad de material escrito sobre el tema y familiarizarse con situaciones vividas realistas. Pero, si enhebramos fantasías pre y posmatrimoniales, a tono de la filfa romántica corriente, no adoptamos una disposición prudente. El vivir con la imaginación desmandada no tiene contrapartida en la realidad, y la desilusión es inevitable.

Los detalles de «dónde» encontramos esta compañía pueden no formar parte tampoco de algo que se pueda planear de antemano. Es curioso que Rebeca iba a buscar agua (que era aplicarse a su trabajo), cuando le llegó la proposición. Naturalmente, la chica no dejó de ser graciosa y amable, mientras llevaba el cántaro en la cabeza, y el serlo no fue un obstáculo. Lo que no iba es emperifollada. El principio sano de vivir una vida útil, generosa, sensible, es la esencia de la historia.

Un pastor amigo mío me dice a veces en broma, si ya he descubierto nuevos pozos recién excavados, o si me dedico a abrevar camellos en ratos libres. No es ningún acto alevoso el acudir adonde se espera que pase algo, sin duda; en la época de Rebeca, el pozo era el centro de la vida social de las chicas de los alrededores. Pero el unirse a clubs y grupos y el ir a «colleges» cristianos y escuelas bíblicas y el «instruir» a los amigos para que le den a uno un empujoncito, todo ello es querer forzar la mano a Dios un poco, y no es exactamente como yo describiría esperar con una «expectativa gozosa».

El deseo de socializar con miembros del sexo opuesto es natural y esta norma de compañerismo debería ser usada libremente, pero la persona que está siempre urdiendo planes nunca es agradable. Aunque, para decirlo todo, esta categoría no pertenece exclusivamente al sexo femenino. La mujer puede merodear, atenta para la caza; pero, los hombres no le van en zaga, aunque sus tácticas suelen ser menos ostensibles.

No hay por qué estar ahí sentada, esperando que ocurra algo espontáneo, como la combustión en un bosque en verano. No hay que ir de un extremo a otro. Hay chicos o chicas que se abstienen de tener «dates» (citas) o sea, la costumbre de salir con un miembro del sexo opuesto para pasar unas horas juntos en actividades variadas, más o menos sustanciales. Esto no prueba que la persona prefiera que Dios provea, como en el clásico sacrificio de antaño, sino que es muestra de la incapacidad de establecer relaciones estrictamente personales saludables. Recordemos que el andar por el camino recto no es abstenerse de comunicación con otros, sino tener control por medio de la madurez personal. Así que no hay inconveniente en unirse a grupos, ir al «college» y recolectar «dates» aquí y allá como flores en la pradera. Lo que cuenta es el mantener los motivos, los riesgos y los temores a la vista.

La expectativa saludable no da la medida del «cuándo». No mira a los meses o años que faltan hasta la fecha de la boda porque ha puesto una fecha límite. Tampoco mantiene una actitud demasiado ceñida en cuanto al «quién».

Hace algunos años, un chico me preguntó si yo creía que en el mundo había sólo un hombre para mí. Mi respuesta fue más o menos así: «Bueno, no sé si hay uno o un millón en todo el mundo. Lo que sí sé es que mi criterio para hacer la decisión sería el mismo. Y no me causaría enojo el que fuera en realidad uno y no un millón. Me parece que si Dios me ha hecho una persona tan especial, habrá hecho también un complemento adecuado. El complementarnos el uno al otro, cuando llegue el caso, será no porque yo soy hembra y él varón, sino porque yo soy yo, y él es él.»

Cuando tenía cinco años mis padres me llevaron a una tienda de juguetes el día de mi cumpleaños y me dijeron que escogiera un regalo, dentro de ciertos límites, naturalmente. Debí de haber examinado detenidamente cada juguete de la tienda antes de hacer la decisión. ¿Sabéis lo que escogí? Pues una araña de goma que cuando le apretaban el cuerpo extendía las ocho patas de modo amenazador. ¡Qué asco! Una criatura repugnante para mí, hoy, sea del tamaño que sea, pero en la edad misteriosa de los cinco años, la araña llenó los deseos de mi corazón.

En un cumpleaños reciente mis padres me regalaron un precioso anillo de oro. Dios nos promete que si nos deleitamos en El, El nos concederá los deseos de nuestro corazón (Salmo 37:4). No soy un rabino, pero creo que el significado de este versículo es: Al centrar nuestro cumplimiento y satisfacción en Dios, El continúa purificando y madurando los deseos de nuestro corazón. Entonces El nos los cumple. ¿Quién se contentará con una asquerosa araña de goma cuando hay sortijas de oro en la tienda?

El método de la mano abierta

La apreciación y el discernimiento aumentan con el tiempo y la experiencia. Nuestro Padre sabe cuál es el momento oportuno y la compañía ideal para cubrir o reemplazar toda expectativa. Con la seguridad de que Dios es soberano en nuestras vidas cuando tratamos de

61

agradarle, nuestra elección del «quién» es hecha a través del buen sentido común, orientado de modo práctico y piadoso.

El crecimiento personal y espiritual ocurre sólo con tiempo, y por tanto, con tiempo, aumenta también nuestro cociente de compatibilidad. La palabra compatibilidad adquiere una definición más realista a medida que aumenta nuestra comprensión de los otros, es decir, nuestra maduración personal.

Martín Lutero, una de las excepciones especiales de Dios, habló de la expectativa como la práctica de mantener las manos abiertas ante Dios. Somos libres de disfrutar de las cosas y las personas a nuestro alcance, pero no debemos agarrar y prorrumpir en «mío». Duele cuando hay que abrir los dedos y soltar. Pero debemos seguir con las manos abiertas ante El y tener plena confianza en su sabiduría para dar y para quitar.

Mi padre acostumbraba a decirme, cuando era su niñita mimada :«Te daría cualquier cosa en el mundo si fuera buena para ti.» Si yo decidía hacer una petición, la respuesta era, en general, una de dos: «No, querida, te quiero mucho y esto no es lo mejor para ti, ahora», o bien: «Sí, te quiero y creo que esto es bueno para ti.» Este es un ejemplo casero, pero ilustra bastante bien lo que debe ser una sabiduría y amor infinitos.

Recuerdo una ocasión, durante mi estancia en el «college», cuando el recuerdo del amor de mi padre calmó mi inquietud. El señor Irresistible entró en el círculo de mis amistades, y cómo no, no pude resistirme a desear tener una «cita» con él. Llegó un día, en la biblioteca, en que le vi y me dije: «Hoy, hoy no se va sin pedírmela.» Pero se fue, y no me dijo nada.

En este momento recordé la expresión usada por mi padre, y me pareció oírla de una voz más hermosa, más sonora, porque era una voz celestial: «Querida, te daría cualquier cosa en el mundo si fuera buena para tl.» Era algo tan íntimo, tan precioso para mi corazón de niña, que calmó todo temor, toda desazón.

¿Demasiado lejos?

Una palabra más para aquellos que, como yo, están en la fase de la expectativa. Como no quisiera dar la impresión de que estoy dorando la píldora de los verdaderos problemas diarios con el dulzor de vaguedades piadosas, voy a presentar algunas de las píldoras amargas, sin ninguna capa de azúcar. La mayor parte de las chicas de mi edad ya se han casado, y por tanto, no es fácil dejar de ver que yo estoy muy hacia la periferia del círculo de la «bienaventuranza». Por más que estoy muy cerca de algunas de ellas, me es imposible participar por completo de sus goces y problemas.

Aunque tengo buenos amigos y amigas, no hay ninguno con el que pueda entrar en los detalles minúsculos, los momentos irritantes o emocionantes de cada día. A veces, en el silencio de la noche anhelo poder compartir con alguien estos pequeños secretos íntimos. Y proyecto en el futuro la imagen de un día, quizá aún lejano pero inevitable, en que sin hijos y sin familia, nadie va a cuidar de mí.

Pensé por un tiempo que era muy espiritual no desear nada más que la vida que se me había concedido, en el momento presente. ¡Qué sentido de victoria cuando conseguía que la soledad y la nostalgia no estuvieran mordisqueándome el corazón, y esto podía seguir por semanas! Pero cuán triste y abatida me sentía cuando consideraba que el casamiento y la familia podían tardar mucho en venir.

Al anochecer de uno de estos días de derrota vino a mis manos una revista con vestidos de novia. Recuerdo que la tiré diciéndome: «¿Para qué?» Me sentí culpable de no sé qué, y los ojos se negaban a cerrarse durante la noche. Lo confesé y volvía a hacerlo, pero mi mente no se aquietaba.

Sabiendo que al día siguiente tenía que trabajar, y duro, salí de la cama y revolví el cajón de la cómoda buscando una tableta que me ayudara a conciliar el sueño. Pero me pareció sentir la amonestación: «Virginia, deja la tableta en paz, que quiero que aprendas algo.» Unos momentos más tarde mis temores habían desaparecido. Tardé poquísimo en quedarme dormida.

El mensaje amoroso que me fue revelado aquella noche fue: «Te creé de una cierta manera, y te puse en una familia bien compenetrada y amante por ciertas razones específicas. El sentirse derrotada y culpable porque deseas un marido y un hogar es rechazar lo que creé y estoy nutriendo.

»Me hago cargo de que te sientes sola…, sé lo que es, porque yo también viví solo en la tierra. No hay nada malo en que quieras casarte, es la norma y te hice así.» Después de aquella noche reconocí que la impaciencia y la compasión propia deben ser desechadas, pero que el deseo básico de completar el plan de la creación divina es loable y sano.

Mis expectativas están basadas en Dios, su bondad y la manera en que me ha hecho. Recientemente, cuando estaba luchando con una decisión, el pastor de mi «college» me dijo: «No tienes por qué hallar la voluntad de Dios, ¡tú eres la voluntad de Dios!»

¡Esto es un mandato y una promesa abrumadora al mismo tiempo!

El perder un sólo día a causa de un sentimiento de apatía y resignación en espera de algo, no es expectativa. Nuestras órdenes, recibidas por medio de la Escritura, son «esperad en Jehová», y nos emplazan a esperar confiadamente en su suficiencia, no una mezcla de paciencia y desánimo en espera de que nos caiga un «destino» mejor.

¡Manos a la obra! Nada de esperar, empleando tiempo y dinero preparándose para vivir en el futuro...; vive ahora con entusiasmo, creativamente, con viva esperanza... Espera y agradece a Dios lo mejor, que es lo que te da, ahora y en el futuro.

CAPITULO CINCO

DESARROLLO FISICO:
UN CUERPO HERMOSO

Espera unos minutos y ve al próximo espejo y si es posible que el espejo sea de cuerpo entero. Date un buen vistazo, sin prisa, de pies a cabeza, mírate a los ojos. Antes de que caigas enamorada o decidas dar media vuelta con disgusto, ven y vamos a hablar un poco de lo que has contemplado.

¿Qué viste? ¿Era tu verdadero yo? Además, ¿te gustó la colección de huesos cubiertos de piel que tenías allí delante? ¿No pensaste nunca que sería mejor devolver el producto al taller para un buen arreglo a medida, la de tus sueños?

Como yo trabajo en un campo emparentado con la Medicina, supongo que lo relacionado con el cuerpo son mis negocios. El cuerpo humano es una asociación de instrumentos delicados y precisos, que posee una magnífica estructura y funciona de modo milagrosamente perfecto. No sólo el «bíceps se encuentra pegado al húmero» sino que el corazón y los pulmones tienen mucho que decir en la asamblea. Y todo el mundo trabaja, todos juntos, hasta las minúsculas células.

Bueno, no hay por qué temer siempre lo peor: no voy a dar una conferencia sobre el trifosfato de adenosina o el círculo de Krebs y otros misterios relacionados. Lo que hago es enfatizar, simplemente, sobre el hecho de que como personas estamos metidos dentro de un paquete y que el contenido de este paquete es muy interesante. Si alguna vez se te ocurre hacer un viaje de exploración, vale la pena pensar en visitar el interior de nuestro propio cuerpo a través de un texto de anatomía o fisiología. Realmente, ¡vale la pena!

Nada de doble personalidad

Algunos quizá piensen en este momento: «Vamos a dejar este tema pronto, dinos que tomemos las vitaminas, que no olvidemos la marcha atlética, y que el cabello debe cortarse de otra forma. ¿No hay material más interesante? ¿No hay otros temas de que hablar que sean algo más interesantes que el cuerpo físico?»

Pues, voy a contestar un «NO» estentóreo, aunque también aquí hay que hablar con moderación. El desarrollo físico, sexual, emotivo, social, mental y espiritual, no pueden ser aislados el uno del otro o puestos en lista de preferencias. El énfasis lo hacemos en la necesidad no de distinguir entre estas áreas, sino de integrarlas de modo saludable en la persona total. Nuestro propósito es darnos cuenta del potencial individual, y sentirnos motivados para ver de alcanzar nuestro punto, según Dios, en cada una de estas áreas.

El bienestar físico es absolutamente necesario para la salud plena, mental y espiritual. La salud mental es imposible sin una buena interacción social. El desarrollo espiritual cubre las otras áreas por completo. Nuestras vidas no pueden ser disecadas en compartimentos en los cuales categoricemos de modo ordenado nuestras actividades.

Un simple ejemplo de nuestra tendencia a hacer esto es las reuniones sociales de juventud de la iglesia que recuerdo de la adolescencia. Al hacer planes para las sesiones siempre añadíamos, casi como una postdata: «Oh, sí, y tenemos que añadir algo de meditación al final... ¿quién se ofrece voluntario?» En nuestra mente había dos categorías en la reunión: primera y principal... ¡divertirse! La segunda parte era todo lo relacionado con el deber, escrito en letras negras, lo espiritual. No tengo nada contra las reuniones sociales y menos si incluyen una forma u otra de testimonio entusiasta. Pero lo que no sé ver es la estricta dicotomía en la vida en que se separan categorías de importancia distinta, como si esto fuera la enseñanza dada por Jesús.

Es interesantísimo que Jesús escogiera una boda como marco de su primer milagro. De un modo natural y sin interrumpir o aplazar los festejos, El proveyó vino de excelente calidad a los convidados a las bodas. No se paró para explicar o evocar algún principio moral para su acto. Continuó y aumentó el jolgorio con ellos, una alegre reunión familiar.

¿Fue el milagro «espiritual»? Naturalmente, como lo fueron todas las obras de Jesús. ¿Proporcionó el milagro refrigerio físico y evitó un sofoco social? ¡Seguro! Y, repito, ¡todo va unido en el mismo acto!

Ahora, en consideración a nuestro bienestar físico recordemos todo esto. Estamos incrustados a un montón de protoplasma, que adopta infinitas formas y variedades, que se interrelaciona en formas incomprensiblemente complejas, todo porque Dios sopló y le dio vida. Y nosotros somos, en parte, esto, y esto cuenta. El desarrollo de Jesús cuando niño y cuando joven está registrado como que «crecía en sabiduría y en estatura y en gracia para con Dios y los hombres» (Lucas 2:52).

En poquísimas palabras Lucas consigue darnos una perspectiva perfecta. Jesús progresaba física, mental, social y espiritualmente. Estas son las cuatro áreas esenciales en que queda enmarcado el hombre.

Polvo con dignidad

Volvamos ahora al experimento del espejo —el cuerpo que viste hace un rato—, tu cuerpo, en realidad. Míralo bien otra vez. Esta mano que coge el libro... bueno, veintisiete huesos, y muchos millones de neuronas en el cerebro que están coordinadas con los huesos y los músculos para coger el libro. ¡NO, NO, es una parte de ti, la necesitas, lo pasarías mal sin ella!

Hay un tema que se presta a profundidades, tales que pronto hace entrar el vértigo, y es el de la discusión filosófica de la división del hombre entre cuerpo, alma y espíritu. Yo no creo que la parte que en mí es inmortal esté simplemente ocupando una estructura física, como un inquilino, pague o no el alquiler. Mi cuerpo ha sido creado de tal modo que consolida mi ser total, y le hace receptivo al Espíritu de Dios.

No hay como localizar mi alma, como en un diagrama, aunque los misterios de la mente, muchos de ellos por ahora inescrutables, apuntan a que hay en residencia algo inmortal. El psiquiatra que intenta barrer la mente del sentimiento de culpabilidad muchas veces no consigue acallar la conciencia moral. Los psicólogos admiten que hay algo inexplicable en la mente y en la personalidad de la persona, pero rehúsan decir que se trata del «alma».

Sea lo que sea lo que concluyamos acerca de la unión del alma y del cuerpo, no cabe duda de que nunca fueron creados para ser separados. Uno de los resultados de la Caída fue la muerte física. Francis Schaeffer define la muerte como «la disolución del hombre total —la unidad del cuerpo y del alma son separados en ella.»[1] Esto da una explicación al dolor intenso, físico y emotivo, que acompaña a la muerte.

No sólo fue el cuerpo parte de la creación perfecta, ha de ser restaurado a su perfección previa en un futuro que nos ha sido prometido. Este es el significado de la resurrección del cuerpo de Jesús. La Pascua nos da promesa de la futura redención de nuestros cuerpos.

Jesús podía regresar como espíritu; con todo, El venció la maldición del pecado —la separación del cuerpo y el alma. Su resurrección fue en realidad la reunión de Su espíritu con su cuerpo terrenal, el cuerpo que veremos algún día.

«Mas ahora Cristo ha resucitado de los muertos; primicias de los que durmieron es hecho» (1.ª Cor. 15: 20). Pablo sigue diciéndonos: «Porque es necesario que esto corruptible se vista de incorrupción, y esto mortal se vista de inmortalidad» (v. 53).

Pablo usa la analogía de la semilla que es puesta en la tierra para que muera a fin de brotar a nueva vida. La nueva planta es distinta de la semilla y cada semilla producirá una planta diferente. Nuestros cuerpos presentes. Pero los nuevos cuerpos serán también diferentes unos de otros.

Hay una evidencia bastante sustancial de que nos reconoceremos con nuestro nuevo atavío. No sé con respecto a los demás lo que esto les parece, pero para mí es emocionante. Me da la oportunidad de pensar con antelación en el hecho de ver mi cara «remozada», mi cuerpo «remozado» de un modo sobrenatural. Me dice

1. Citado de «Génesis en el Espacio y en el Tiempo», de Francis A. SCHAEFFER. Copyright 1972, por L'Abri Fellowship, Suiza, pág. 101. Usado con permiso de Inter-Varsity Press, EE.UU.

también que mi cuerpo presente, la «semilla» —la imagen en el espejo— es importante.

Nuestro «polvo con dignidad» presente es importante también por otra razón. Si somos redimidos por Cristo, nuestros cuerpos hospedan al Espíritu Santo. Pablo los llama «templos».

El Antiguo Testamento da minuciosos detalles de la construcción del Tabernáculo, tantos, en realidad, que parecen sin importancia, y no sé si algunos de los escribas estaban bostezando cuando leían Exodo cap. 25 al 28, considerando lo intrincado de las instrucciones para su construcción. Con todo, Dios inspiró toda la empresa y nos da todos estos detalles como una pintura gráfica de la belleza de la casa de Dios.

El templo de Salomón es delineado en detalle arquitectural, también, en 1.º Reyes 6. Tanto el Tabernáculo como el templo eran magníficos, ricamente adornados, limpios, cuidados, bien proporcionados. Su belleza reflejaba la gloria y la presencia de Dios mismo.

Como nuestros cuerpos son templos del Espíritu Santo, esta analogía debería darnos estímulo para una campaña de embellecimiento de nuestro cuerpo. La empresa de hacernos tan atractivos como podamos no tiene por qué ser causada por la vanidad o egocentrismo, ni aun por el deseo normal de agradar a los ojos del sexo opuesto. Nuestros cuerpos deben ser tan hermosos, bien cuidados y agradablemente presentados como el Tabernáculo o el templo del Antiguo Testamento, porque somos, al presente, templos de Dios. Necesitamos reparar y decorar algo la residencia.

Nada destruye el gozo de adorar más que el ver una sala de reunión sucia, inhóspita y sin cuidar. ¿No es la falta de aseo personal capaz de causar el mismo trastorno? Los casos tan graves son rarísimos en nuestra sociedad, pero no es difícil que se presenten casos leves, especialmente cuando no hay miembros del sexo opuesto en que causar impresión.

Durante mi carrera en el «college» estuve, al prin
cipio, en una escuela con chicos y chicas, o sea que se
veía a las chicas como un ejemplo de pulcritud, un
dechado de aseo, etc., pero luego hice traslado a otro
campus, predominantemente femenino, en el cual durante la semana la pulcritud brillaba por su ausencia. Sin
embargo, al llegar el viernes por la noche, cuando pu-
lulaban por el campus los chicos que venían para las
«citas» con las chicas según costumbre los fines de semana, el terreno universitario se poblaba de chicas
atildadas como para presentarse a un concurso de belleza.

El hacer un esfuerzo entonces para no perderse el
menor detalle que pueda incrementar la belleza es parte del juego. Pero, ¿por qué no ha de ser divertido
también ir limpio y distinguido de un modo habitual,
cada día? Y además, ¡nunca se sabe!

Recuerdo una conversación sorprendente que tuve
con uno de mis profesores, el cual al terminar la clase un día me dijo: «Quédese un momento.» Mi cabeza
empezó a dar vueltas y pensé en todas las asignaciones
de la clase para ver por dónde se me venía el suspen-
so, pero el profesor me dijo: «Miss Apple, sólo quería decirle que debo darle gracias por considerar que
vale la pena venir a mi clase limpia y decente. Esto
me habla también de su carácter y la clase de persona
que es usted.»

Esta fue una impresión muy agradable. Pero me hizo
pensar con remordimiento en las muchas veces que
había ido a la clase de primera hora desgreñada y tarde.
El profesor de esta clase nunca me dijo nada sobre
mi «carácter».

Un dechado de hermosura

Dios sin duda prefiere un templo hermoso y sano.
Y nos da un sentimiento de orgullo el pensar que el

aspecto de uno es inmejorable. Aquí van algunas sugerencias; con ellas se puede empezar en un plan de mejoramiento del cuerpo. No tengo intención de cubrir el terreno centímetro a centímetro, pero cada cual puede usar sus propios ojos para hacer un concienzudo inventario. Vamos a empezar por arriba.

Cabello

Presenta buen aspecto. ¿Te favorece el peinado que llevas? Los estilos ahora son más bien de «todo va bien», así que vale la pena ir ensayando lo que nos favorece más.

Puedes probar un corte o estilo que no sea difícil de peinar y parezca limpio. Después de peinarse algunos estilos hacen una gran impresión, pero a los diez minutos el cabello ya parece un estropajo colocado sobre la cabeza.

Para el hombre los estilos de cabello largo son muy atractivos siempre que se lleve limpio. Eso es como el bigote, que ahora se lleva. Hay que recortarlo con cuidado y paciencia, pero puede mejorar el aspecto de la cara.

Tez

Este es un sitio que presenta problemas, que generalmente aumentan con los años, aunque hasta cierto punto. Si es necesario solicitar ayuda profesional ha de ser especialmente por pensarse en razones de salud e higiene, no sólo cosméticas. El acné, si no se trata, puede dar lugar a infecciones secundarias que acaban incluso en pequeñas cicatrices. La salud de la piel es favorecida con alimento sano, ejercicio y buen humor.

Los cosméticos pueden ayudar o favorecer. El «aspecto natural» es magnífico, y no tiene por qué exigir el uso de cremas caras, lociones y geles. La cara de muñeca china, o maquillaje a fondo, en cambio, puede agrietarse en cualquier momento. A mí siempre me parece que esta gente si sonríen o fruncen el entrecejo van a encontrarse en una situación embarazosa.

La mejor idea es: 1) empezar con tan poca ayuda comercial como sea posible; 2) evaluar; 3) añadir algo, aquí un poco de color, allá un poco de sombra; 4) reevaluar. Si hay alguna amiga que tenga más experiencia puede ser una gran ayuda.

A veces el mejor aspecto para una cierta persona es el evitar toda clase de afeites. Todos conocemos mujeres que apenas se ponen nada, y esto aumenta el encanto total de la personalidad. Los cosméticos, cuando son aplicados con habilidad y discretamente, pueden dar un empujoncito a aquellas que tenemos un aspecto macilento o apagado.

El maquillaje a fondo con pestañas como varillas de paraguas dan la impresión de que se quiere disimular algo, que se es algo postizo. Los hombres usan para ponerse una careta los bigotes y barbas espectaculares, que aunque en algunos casos favorecen sin duda la cara de la persona, en otros parece que el individuo quiere «camuflarse». Cuando uno habla con una mata hirsuta por entre la que asoman dos ojos, a una cierta profundidad, uno no puede evitar pensar en el nivel de inseguridad a que está funcionando el dueño.

Boca

Unos dientes mal cuidados y un aliento indeseable no tienen por qué estar en nuestros cuerpos-templo, y hay que reparar este desperfecto en el edificio. La boca es un foco natural, centro de las relaciones interpersonales, y es muy importante.

Una sonrisa natural, amable, es un refrigerio cuando dos personas tienen una conversación. Nos sentimos atraídos a aquellos que irradian un sentimiento de contento, cuya risa cascabelea como un rebosar de vida rica y satisfecha. Naturalmente, en estos casos puede que hayan sido precisas reparaciones por dentro también.

Una expresión facial placentera inicialmente puede requerir un poco de esfuerzo consciente. A veces me encuentro que estoy frunciendo el ceño, especialmente si consigo que mis pensamientos sean profundos. No muchas veces lo son y por tanto esto no es un «defecto» importante para mí. Pero, es de veras que sonreír cuesta menos esfuerzo, fisiológicamente, que poner cara adusta. En todo caso los músculos de la cara deben estar relajados, naturales, y a la menor excusa: hay que sonreír. La sonrisa no debe hacerse una mueca, ni debe estereotiparse, con lo cual se da la impresión de hipocresía.

El tono de la voz y el timbre son también importantes. Hay que ajustar el volumen en muchos casos, sin extremos de susurro, no sugiriendo una intimidad que puede ser nauseabunda, ni berreando como tratando de vender pescado o como si nos desollaran. El timbre puede ser algo más complicado; es decir, en los hombres, si es demasiado alto o demasiado bajo en las mujeres, es un problema hormonal, pero en todo caso se puede mejorar con el aprendizaje con un experto. Siempre que hay serias dificultades es necesario acudir a un profesional. Hay aquí infinidad de posibles problemas y lo mejor es atenderlos.

Cuerpo

La cabeza requiere un cuerpo donde encajar... y que le corresponda. No hay que pensar en cambiar la forma general del cuerpo, pero sin duda la masa total puede ser redistribuida, a veces de modo halagador. El ejercicio y el peso están relacionados y su interacción no siempre es fácil de tener bajo control. Aquí se necesita disciplina. La falta de disciplina en la moda, sin embargo, no es infrecuente que demuestre falta de disciplina desparramada por otras áreas, y esto lo digo por mí, como experiencia personal. El aspecto del cuerpo no hay duda que puede darnos un mejor aspecto total, 100 %; y nos hace sentir mejor, si lo conservamos en perfección, por lo menos en un 200 %.

No quiero insistir demasiado sobre el peso y la grasa, porque éste es un tema con muchas aristas, aunque no parece que debiera tenerlas. Uno lucha para reducir con el cepillo de la voluntad los excesos y las curvas, como hace el carpintero con una tabla, pero los contratiempos son frecuentes. Siempre es un consuelo leer más folletos sobre regímenes alimenticios ideales y escuchar buenos consejos. Empiece con objetivos modestos, pero no se deje disuadir para alcanzarlos por nada. Luego haga nuevos objetivos.

Manos

Hay que tener cuidado con las manos. No basta con el baño o la ducha. No basta con sonreír y pesar dos kilos menos. Hay que cuidar las uñas, sin que esto quiera decir extravagancia. La longitud deseable varía, y lo mismo la aplicación de esmaltes. Hay uñas que parecen dagas ensangrentadas y al verlas pienso que, realmente, entrañan peligro.

Vestido

Los vestidos contribuyen muchísimo a dar un aspecto gracioso y elegante a la persona; limpios, proporcionados, cuidados son un verdadero adorno para el cuerpto-templo.

El estilo del vestido, como el del pelo, varía mucho con el gusto individual, aunque es difícil hoy no ir a la moda, porque ésta consiste en vestir como se quiere.

A veces pienso que sería interesante ponerme el vestido que llevaba mi abuela para la luna de miel, que me parece hemos conservado en una arca en el desván. Lo que cuenta es escoger lo que le favorezca más a uno dentro de los límites del buen gusto.

No hay manera de hacer compaginar lo inmodesto con nuestra característica de herederos de un Rey. Pero no es modestia meterse dentro de un saco, porque impide apreciar la hermosura con que Dios nos ha creado. Un cuerpo bien proporcionado debe ser complementado, no escondido, por los vestidos.

Es inmodesto exhibirse o exponer en exceso. El rey Salomón, cuya sabiduría, tradicionalmente famosa se emparejaba con su aprecio por la hermosura femenina sin desmerecer en lo más mínimo, tenía ideas bastante moderadas con respecto a lo que les era permisible a las mujeres: «Como zarcillo de oro en el hocico de un cerdo es la mujer hermosa y apartada de razón» (Prov. 11:22). Es decir, la mujer «que carece de discreción», y esto afecta naturalmente a la elección del vestido. Aunque Salomón mismo no fuera un ejemplo de moderación personalmente, sin duda sus ideas sobre este punto son dignas de elogio.

Los colores deben ser varios y brillantes en tanto que no estén reñidos con el buen gusto. Esto es muy personal y no se puede tratar de atar corto a nadie.

En gran parte, masculinidad y feminidad han sido definidos en el pasado por medio del vestido. Esto va mucho más hondo, como vimos. Pero la tendencia hacia los vestidos comunes a los dos sexos es desconcertante en el mejor de los casos. A mí, por ejemplo, todavía me gustan los lazos y las puntillas, sin exceso. En todo caso, me gusta muchísimo más lucirlos yo que no lo haga el chico con el que salgo en una «cita». Los pantalones son muy convenientes para las mujeres, si son cómodos y no extremados, aunque monótonos si se llevan exclusivamente.

Lo que cuenta no es el vestido, sin embargo, sino la actitud del que lo lleva. Una señora puede estar cómoda y parecer elegante en un vestido sastre, sin que desmerezca en lo más mínimo su atractivo y encanto. Otra puede carecer de todo ello en vestidos sugestivos y aun provocativos.

El realce de la persona es lo que cuenta y esto exige buen gusto como ingrediente principal. Se pueden probar estilos nuevos como una aventura. Los hombres raramente han tenido tanta variedad para escoger.

Basta ya de vestidos, porque no se terminaría nunca lo que se podría decir. Hay que empezar por los cabellos y terminar en las uñas de los pies. La apariencia debería dar una impresión de buen gusto y distinción. También refleja el carácter.

Muchos han dicho que la apariencia exterior es con frecuencia un marco para la belleza interior. Esto puede mantenerse dentro de ciertos límites. Lo que sí es seguro es que el porte y vestido más majestuosos no pueden compensar un alma vil y encogida. No hay nada que sustituya a la belleza interior, pero, si existe, merece que se le dé el marco apropiado.

La hermosura y el agradecimiento

La autoaceptación de nuetra apariencia exterior no es una actitud indiferente de «¡Bien, no puedo mejorar la madre naturaleza!» Muchos rehúsan, hacen más que dejar de mejorarla, la deforman o la esconden. El aparecer lo mejor que podamos es lo que agrada a Dios, incluso en nuestro exterior. Por otra parte el aceptar nuestro aspecto, una vez hemos contribuido a su realce, de un modo genuino, es importante.

Hay grados en lo que se llama «buen parecer» en los standars de cada cultura y no todos pueden presentarse en un concurso de belleza. El estar dispuesto a admitir que el trabajo creativo de Dios cuando se ocupó de nosotros es bueno, a veces es difícil, especialmente si el espejo, tozudamente insiste en convencernos de lo contrario. Pero un sincero: «Gracias» por el cuerpo con que Dios nos ha provisto es necesario si queremos retener nuestra gracia y atractivo.

Tengo un amigo que no es un Adonis, ni mucho menos, tanto si se analizan sus facciones, como si se considera su cuerpo y conformación de la persona en general. Pero es sin duda una de las personas más atractivas que conozco. Hace evidente su autoaceptación por la forma cálida y abierta con que acepta a los demás.

Despliega iniciativa y energía sin dejar de ser sensible para los que le rodean. Va bien vestido y peinado, sin que excusa alguna afloje su pulcritud. Tiene humor y hace sentir a los demás que son aceptados.

Para que una persona sea atractiva no tiene por qué ser hermosa, pero sí debe ser agradecida. Agradecida a Dios y cuidar lo mejor posible su templo.

Cuidando la salud

Un factor primordial en la apariencia, como en el bienestar total, es la salud. La salud pobre no sólo nos puede hacer parecer medio muertos, sino que nos hace sentir tales. Incluso en los jóvenes, la vitalidad desaparece pronto si no se vigila la salud.

Cuando de un modo sistemático se carece de un mínimo de alimento necesario para la nutrición, o no se hace bastante ejercicio o no se reposa bastante, se pueden causar al cuerpo daños irreparables. Además, entretanto, se está funcionando a un nivel bajo de rendimiento. La depresión mental, la fatiga, la tensión nerviosa y el temor pueden resultar en graves consecuencias para la salud.

Vamos a ver algunas cosas específicas:

A todo el mundo le gusta comer, pero no a todos les gusta discutir la alimentación. Una encuesta hecha en jóvenes de eded del «college» (18-21) muestra que sólo el 19 % de ellos podían sen considerados como siguiendo pautas de comida aceptables.[2] Varias causas han contribuido al deterioro progresivo que se observa en la alimentación hoy día, tales como horarios frenéticos, alimentos medio preparados, madres obreras, aumento del precio de los alimentos y en general falta de información sobre la nutrición.

La gente come bocadillos o no desayuna, dos de los peores hábitos nutritivos. En un estudio acerca del típico estudiante de «college» se llegó a la conclusión de que éste consume 513 calorías al día en bocadillos, dulces y bebidas carbonatadas, tan populares.[3]

En vez de hacer un desayuno sustancioso, se duermen unos minutos más, con lo que no queda tiempo para desayunar. El resultado es rendimiento inferior, atención disminuido y aumento del apetito durante el resto del día.[4]

Esta pobre nutrición, tan general, resulta al final en más susceptibilidad a las enfermedades, posturas po-

2. C. B. Young y C. A. Storwick, «Hábitos alimenticios de los estudiantes de primer año en el Oregon State College», citado por Cleveland Hickman, «La Salud de los estudiantes del "College"» (Englewood Cliffs, N. J.: Prentice Hall, Inc. 1968), pág. 199.

3. Madge Myers, Elaine Sullivan, Frederick Stace, «Alimentos consumidos por los estudiantes universitarios», citado por Jesse Williams, Angela Kitzinger, «La Salud del estudiante en el "College"» (New York: Harper and Row, 1967), pág. 152.

4. W. W. Tuttle, Katherine Daum, Ruth Larson, «Efectos de omitir el desayuno en los niños de edad escolar», citado por Miriam Tuck y Franklin Haar, «Salud» (New York: Harper and Row, 1969), pág. 77.

bres, fatiga, irritabilidad, depresión, nerviosismo y dificultad para concentrarse. Las mujeres no sólo se perjudican a sí mismas, sino que perjudican a los hijos a que luego darán a luz.[5]

Dios ha creado nuestros cuerpos para que funcionen con una cierta mezcla de combustible, y es una insensatez no seguir las instrucciones. Hay además las deficiencias de otros elementos, siendo las más frecuentes las de proteínas, vitaminas y hierro. Si uno tiene el ánimo decaído es posible que falte algún factor esencial en la comida.

La deficiencia de hierro es muy común en las mujeres, especialmente durante la menstruación. Es conveniente examinar la parte interior del párpado inferior para ver si el color es demasiado pálido, lo que indica anemia. Esto necesita ser remediado.

Que la comida es importante lo dice ya la Biblia en la historia de Daniel, cuando en tiempos de Nabucodonosor pudo demostrar que siguiendo un cierto régimen, que los oficiales del rey consideraban desastroso, pudo, con sus compañeros, «demostrar que su rostro era mejor y más robusto que el de los otros muchachos» (Daniel 1:15). Es de suponer que tenían el secreto de un régimen bien equilibrado en los diferentes componentes.

Se puede experimentar por un período corto, como hicieron ellos: 10 días, por ejemplo. La mejoría puede ser notable.

Sueño

«El sueño natural es la forma de recuperación más satisfactoria de la fatiga y la tensión.»[6] Sin dormir un

5. Miriam TUCK y Franklin HAAR, «Salud» (New York: Harper and Row, 1969), pág. 78.
6. Cleveland KICKMAN, «La salud de los estudiantes en el

número de horas suficiente es imposible recuperarse. Al cansancio y a la tensión siguen la falta de iniciativa, la depresión más profunda y finalmente el colapso mental y físico.

La cantidad de sueño necesaria para cada persona varía con el individuo, con un promedio de 8 horas. La gente con tendencia al nerviosismo requiere más que los que tienen una disposición plácida. Hay que determinar las necesidades personales. Y descansar. Los padres de niños pequeños puede que se pregunten cómo se consigue poder hacerlo.

No hay manera de hallar sustituto para una noche de sueño tranquilo, pero a veces cuando se descansa durante breves períodos durante un día muy ocupado, quizá sólo diez minutos escuchando música pueden relajar la tensión.

Dios nos dio un día de cada siete como descanso de una semana de actividad, y ésta es una gran oportunidad para recuperarse del reposo perdido. Esto no es una sugerencia, es una verdadera orden procedente de Dios.

Durante un mes haga el experimento de que cada domingo sea un día quieto, sosegado, tanto como le sea posible. El servicio religioso es un refrigerio para el cuerpo lo mismo que para el alma. Vea la diferencia. En mi experiencia, cuando yo estaba en el «college» si ni aun estudiaba durante el domingo me sentía mucho más eficiente durante la semana.

Ejercicio

El ejercicio regular también sirve para mantenernos en forma. Es necesario dar tono a los músculos y con-

---

"College"» (Englewood Cliffs; N. J.: Prentice Hall, Inc., 1968), pág. 130.

servar el cuerpo en buen funcionamiento. El dar salida a la energía física embotellada reduce la tensión nerviosa y promueve el apetito y el descanso.

Estas son reglas básicas de las cuales casi todo el mundo se da cuenta. Sin embargo es sorpredente el número de personas que no las tienen en cuenta. Hay que verificar los hábitos personales en cuanto a la salud, y ver si es necesario mejorarlos.

Un «chequeo» completo del cuerpo no es una mala idea tampoco. Es más fácil prevenir que curar, como dice el refrán. Hay que asegurarse de que todo el cuerpo esté en buen orden y luego mantenerlo en forma.

Un cuerpo sano y atractivo es parte de los planes que Dios tiene para nosotros, es parte de lo que a El le agrada. Nuestra salud y nuestra apariencia reflejan la forma en que nos vemos y como vemos la vida en general. Por ejemplo, una persona excesivamente obesa puede que esté usando la obesidad como autocastigo porque no está satisfecha de su persona y no le gusta el mundo tal como es.

La buena salud también mejora las relaciones interpersonales. El bienestar físico aumenta la capacidad intelectual. Nuestra relación con Dios es sin duda influida por la forma en que conservamos el templo para El.

Otro tópico que puede ser asociado con nuestro bienestar físico es el tema, tan cargado de electricidad, del sexo. Se ha dicho por algunos que la salud y la felicidad vienen determinadas básicamente por el grado de satisfacción que recibe el impulso sexual. No hay duda de que los deseos y el instinto sexual constituyen una de las más poderosas necesidades básicas. ¿Cómo podemos gobernar este aspecto de nuestras vidas sin que sea él quien nos gobierne a nosotros?

CAPITULO SEIS

EL DESARROLLO SEXUAL;
EL SEXO ES UNA IDEA DE DIOS

Como siempre, el sexo continúa siendo un tema popular y sustancioso para discusiones. Y la libertad que hoy se siente de los tabús puritánicos parece haber servido para clarificar la atmósfera.

Pero el diálogo sobre los problemas sexuales es abundantísimo hoy en día y no es un tema que me encandile el entusiasmo. Es más, me pregunto si no se ha perdido algo en la transición que hemos hecho de «¡psss, psss!» y «¡chitón!», al otro extremo en que todo el mundo se regodea en soltarlo «tal como es» o, muchas veces, «tal como no es».

Es posible que estemos usando esta libertad recientemente encontrada para explorar el tema de un modo equivocado. Porque el tema sexual es intensamente personal y cuando se divorcia de este contexto para hacer de él una discusión académica, se percibe de él sólo una fracción de lo que debe ser.

La unidad física es tan profunda en su capacidad de expresar el amor total que va mucho más allá de nuestra capacidad de expresar la experiencia con meras palabras. Sin embargo el hombre, desde el púlpito y la plataforma, se esfuerza por iluminar nuestras psiques inhibidas. Pero las confesiones detalladas de pasados abismales o la instrucción cuidadosa del detalle están sin duda desplazadas de las reuniones públicas. Diré más, son incluso vulgares. En semejante ambiente se pierde el tono de intimidad apropiada.

La discreción en nuestra conversación es de alabar, pero no porque el sexo sea algo menos que puro. No deberíamos volver el péndulo al otro extremo de la época victoriana, por temor a admitir nuestros deseos y pasiones naturales. Podemos encontrar que el participar y explorar nuestros pensamientos y sentimientos sobre el tema sea muy apropiado y beneficioso. Las concepciones erróneas, las perspectivas deformadas, los temores deben ser expresados y debe dárseles salida, y en su lugar debe aparecer una actitud saludable, pero esto debe proceder de la discusión con amigos respetados y profesionales.

De manera que, como nuestra naturaleza parece rebelarse contra este equilibrio, estamos amenazados en nuestra discusión con ir a parar a uno de los dos extremos. A un lado preocuparnos erróneamente de aislar el sexo de su contexto intensamente personal y hacer del diálogo una excusa para escarceos sobre la lujuria. Al otro extremo se halla la inhibición pudibunda, que evita el tema como impuro y lo reprime y suprime, y con ello inhibe nuestra capacidad sexual dada por Dios. Los dos extremos resultan en daño, y procuraré seguir por la senda de en medio.

Perfección o distorsión

Detengámonos un momento y pensemos lo que nos viene a la mente cuando se pronuncia la palabra «sexo».

Hay que ser sincero y examinar lo que aparece, y con ello ver lo sano que es nuestro sistema de ideas a este respecto. «Sano» puede ser definido como «libre de defecto o enfermedad, puro, íntegro, ausencia de desviación de lo que es perfecto». Y necesitamos esta «sanidad» de pensamiento antes de que suenen las campanas de la boda.

Y sin embargo gran parte de nuestras actitudes hacia lo sexual y gran parte de nuestro comportamiento en esta área no es sano: es deficiente, enfermo, impuro y se desvía de la supuesta perfección. Normas deformadas, desviadas y aun demónicas invaden de modo inconsciente nuestra postura mental y emotiva.

¿Cómo? ¿Por qué?

Estamos saturados de un régimen de propaganda lujuriosa, que atasca nuestros mecanismos mentales con su mugre. Y con el tiempo nuestra vida desciende hasta ponerse a la altura que corresponde con los valores rebajados y comprometidos que adquirimos y las experiencias torcidas a que estamos expuestos.

Notemos que no estoy hablando de gente degenerada, sino de individuos corrientes, de mí misma. Necesito la gracia de Dios para restregar y sacar de mi mente todas las distorsiones que casi constantemente veo y oigo.

Cuando fui a Israel hace unos años, me quedó grabada la exclamación de un guía judío. Señalando una antena de la televisión dijo: «¡Esto es el rabo del diablo en mi país!»

Debemos recordar que el rabo del diablo es largo y da latigazos por todas partes. Aquí en los Estados Unidos no menos que en Israel, los medios de información abocan una avalancha constante de material que tuerce y fuerza la verdad casi con perversión patológica. ¿No es propio del adversario el agarrar algo en sí bello y destruirlo para tantos?

Mi perspectiva es sin duda limitada por mi condición de soltería y mi juventud. Sin embargo creo que muchos de los problemas de los casados y los solteros podrían ser resueltos si reconociéramos ciertas verdades con respecto a los designios de Dios acerca de nuestra sexualidad. Así que tendremos que ascender y ver desde arriba esta capacidad sexual desde la perspectiva divina.

¡Lo que se ve es interesante!

Es necesario que entendamos para qué fue creado el sexo y con qué propósitos y hacer un esfuerzo para mantener esto en perspectiva en un mundo que está constantemente en guerra con la verdad. Es necesario entender esto si he de vivir la vida conforme a mi potencial en el área del desarrollo sexual, esté casado o no.

En estos tiempos de programas de anticontaminación es necesario pensar a fondo para limpiar el asunto de que tratamos: hemos de volver a la más emocionante historia de amor, la que hallamos en el Génesis. Recordemos a Adán y a Eva. Ya hablamos de esto antes. Acaban de conocerse el uno al otro. Para esta primera reunión social, un verdadero «party», Eva no pasó mucho tiempo en los preparativos del vestido y la toilette: nos dice la Biblia simplemente que «ambos estaban desnudos, y no se avergonzaban» (Gén. 2:25).

El origen de las diferencias entre hombre y mujer, lo que llamamos «sexo» es, pues, designio divino. Adán y Eva pasaron a ser una carne, sin vergüenza, culpa ni sofoco. Al realizar su unión, tal como Dios la ideó, no hicieron más que poner en ejecución los planes de Dios. Sexo es, pues, parte de la creación perfecta. Es bueno, según declaró Dios.

El hombre y la mujer son, pues, literalmente, parte uno del otro en el esquema de cosas de la creación. La unión sexual, corolario de la unión de origen, y el disfrute de la misma no constituyó más que un enriquecimiento de la relación. Dios había formado su cuerpo de forma que se complementara estructuralmente. Pero sus propósitos para la realización de una completa experiencia sexual van mucho más allá de la mera unión física.

Dios quiere que la experiencia de unión no se manifieste en el plano estrictamente fisiológico. Debe ser la culminación, la expresón última de la unidad en todas las dimensiones de la vida de las dos personas. Dios quiere que cada pareja sea libre y creativamente apropiada para que contribuya a una relación creciente y fructífera. La experiencia, por tanto, no debe ser vista como demasiado «carnal» para que no haya en ella la dimensión de belleza y aun de santidad. Por otra parte no debe ser pensada en términos tales que su santidad excluya el placer.

Los casados pueden fallar en su habilidad para reconocer la tremenda variabilidad de su posesión. El ser sensible al talante y necesidades individuales del otro permite gran expresión de creatividad en lo sexual. Puede que una aura como de solemnidad invada una experiencia, mientras que otra no sea más que juego y refocilación de los sentidos. No hay por qué establecer prioridades y categorías, las dos son espirituales en el contexto de que cumplen lo que Dios intentó debía ser el matrimonio.

Tiempo para abrazar

La pregunta que asoma a tantos labios hoy es: «¿Por qué esta magnífica expresión de amor debe ser confinada a dos personas que hayan sido unidas previamente por el lazo matrimonal?» Y sobre esto no podemos expresarnos con ambages. Dios limita las relaciones sexuales a los que han sido legalmente unidos en matrimonio.

«¿No sabéis que vuestros cuerpos son miembros de

Cristo? ¿Quitaré, pues, los miembros de Cristo y los haré miembros de una ramera? De ninguna manera. ¿O no sabéis que el que se una con una ramera, es un cuerpo con ella? Porque dice: los dos serán una sola carne» (1.ª Cor. 6:15, 16).

Las relaciones sexuales fuera del matrimonio son una blasfemia en contra de nosotros mismos y de Dios. La razón se funda en la naturaleza misma del hombre. Profundamente enraizado en el centro de cada personalidad está el intenso deseo de relacionarnos con otro, por completo. Esta relación implica una unión mutua, en todo el reino de la vida. El sexo fue dado para llenar este deseo, para que fuera la hermosa avenida en que se demostrara la expresión de la completa unidad del cuerpo, el alma y el espíritu.

De modo lógico, por su propia naturaleza, esta relación debe ser exclusiva a una persona. De otro modo perdería su sentido. Este deseo intenso y profundo puede ser sólo experimentado con una persona en la entrega permanente del pacto matrimonial. En cualquier otro contexto está la relación en oposición abierta a la profundidad de este amor.

El propósito de Dios al prohibir las relaciones sexuales antes o fuera del matrimonio no es el limitar o restringir nuestro placer. Más bien, su propósito es proporcionar el mayor cumplimiento posible, el hacer esta relación total más profunda.

El verano pasado enseñé a patinar sobre agua en la zona de las mantañas Adirondack, en el Estado de Nueva York. Y puedo ver en las claras y frías aguas de aquellos hermosos lagos una ilustración del intento de Dios al darnos las instrucciones que nos da respecto al sexo.

Para aprender a patinar, mis alumnos tenían que saber y seguir las reglas. Es curioso que ninguno rehusó ponerse los patines, ni insistió en que podía prescindir del bote. Después de aprender la posición correcta para el arranque y cómo mantener el equilibrio, la experiencia resultó placentera y llena de emoción.

Algunos de carácter independiente que insistieron en acercarse demasiado al bote o inclinaban los brazos para relajarse un tanto, pronto se encontraban varios pies bajo el agua. No vi ninguno que al asomar a la superficie, escupiendo el agua medio tragada y los patines colgando del cuello, se pusiera a gritar que tenía derecho a patinar como le diera la gana. No había necesidad de convencerles de que seguir las reglas no ponía límites a su libertad de patinar, sino que las reglas definían lo que era patinar y lo que era zambullirse.

Esto es simplemente lo que hace Dios cuando nos da instrucciones con respecto al contexto de la experiencia sexual. El nos creó de tal forma que funcionamos mejor dentro de ciertos parámetros. En cuanto a la experiencia sexual para ser gozada de forma que dé de sí su beneficio completo, tal como fue pensada en sus designios, debe ser realizada dentro del matrimonio.

El reducir la relación sexual a un acto físico con un cierto colorido emocional es un descenso triste a un nivel de existencia que hace pensar de nosotros como animales con instrucción y cultura. El elevar lo sexual al plano de belleza de una entrega mutua total es poner al placer un marco de afirmación y asentimiento a los propósitos divinos.

¿No es propio de Dios proporcionar este gozo y deleite a sus hijos? ¿No es propio del hombre, por desgracia, desvirtuar este don y despojarse de su máximo placer, según Dios intentó, para utilizarlo en devaneos frívolos?

No es nunca tarde para pedir a Dios que devuelva a la sanidad nuestras mentes y corazones maleados y nos restaure a sus criterios y perspectivas. Rahab, una mujer profesional del pecado, tuvo que ser rehabilitada, y al serlo, consiguió la posición de campeona de la fe hasta el punto de que Hebreos la pone en el cuadro de honor de los héroes (Hebreos 11:31). No es éste el único caso semejante en que el Señor pronuncia el fallo de «Absuelto», cuando todo el mundo esperaba el de «Culpable».

Puede que queden cicatrices de antiguas heridas, pero no estamos a merced del pasado. Satanás se deleita echándonos en cara toda clase de fallos, e inundando nuestra mente de remordimientos. Nos hostiga y se mofa diciéndonos que no merecemos nada bueno por haber sido tan malos. Cuando no consigue entramparnos en sus lazos, se consuela por lo menos haciéndonos impotentes espiritualmente azuzándonos con nuestros fracasos. Esto lo hace con los que están dentro y fuera del matrimonio.

Dios tiene un enfoque diferente con respecto a nuestro pasado. No sólo declara amnistía total, sino que dice:

«En cuanto a la pasada manera de vivir, despojaos del viejo nombre, que está viciado conforme a los deseos engañosos, y renovaos en el espíritu de vuestra mente» (Efes. 4:22, 23).

Todos tenemos, pues, el cartapacio limpio para empezar. Es a partir de ahora que Él nos pide que no lo emborronemos, viviendo a un nivel, en lo sexual, inferior al ideal que Él ha trazado.

Sexualidad: hay que desarrollarla ahora

Lo sexual no es el centro del matrimonio pero es importante. En consecuencia, el desarrollar el potencial sexual individual a usar en el matrimonio es importante y no debe ser menospreciado. Porque si uno de los dos cónyuges, o los dos, se sienten frustrados o insatisfechos, la armonía completa en otras áreas de la vida es difícil de conseguir.

La incompatibilidad sexual grave, sin embargo, no es sólo un problema serio en sí misma, sino un síntoma de otros problemas yacentes debajo, más serios todavía. Los casados que se encuentran ante estos problemas deberían comprender que hay abundante literatura en que pueden recibir ayuda de personas capacitadas y piadosas, expertas en el tema y deberían escudriñar este material. La comunicación franca y abierta de los sentimientos es en general el punto por el que hay que empezar para la resolución de los mismos.

Y ¿cómo se desarrolla el potencial sexual personal sino dentro del matrimonio? Puesto que yo misma soy soltera, esto sin duda me afecta a mí también, como a muchos lectores. En primer lugar, y en esto hablo claro desde el principio, no hay que pensar en la experimentación. El vulgar «hacer el tonto» está cargado de materia explosiva, y no se puede jugar con ello.

El abrir las esclusas para que sin control halle salida el impulso sexual, aparte de la entrega mutua permanente sancionada, sólo puede conducir a la desilusión, al sentimiento de culpabilidad, a la frigidez o la impotencia. Esto no es causado por la abstinencia.

No hay problemas con los detalles y técnicas; no se necesita para ello aprendizaje bajo expertos; y por otra parte, es una escuela en que se entra mejor empezando por el *Abecé*, sin tener que afectar ignorancia, que se haya de obtener ahora con la represión consciente de recuerdos inoportunos. El formar en las filas del pelotón de los torpes temporalmente, nos vuelve, aunque quizá con menos poesía, al primitivo Edén, «donde los dos no se avergonzaban de estar desnudos». Y la experiencia rima, por dentro y por fuera, con la inocencia.

La preparación para el matrimonio, o sea la sexualidad desarrollada entre los no casados, es algo más que un aprendizaje de técnicas; implica otras dimensiones.

Primero, hemos de aprender a ver lo sexual desde la perspectiva divina, es decir, como una área más en la unión total de la persona. Tenemos que concentrarnos en desarrollar estas cualidades, aparte de la unión física, que contribuirán a desarrollar y armonizarán una relación completa.

Hemos de empezar el proceso aprendiendo a apreciar las diferencias personales: autoaceptación, pautas de comunicación, sensibilidad, agudeza en las respuestas, y amor generosos son áreas con que empezar la lista de puntos a trabajar. Con ellos sólo basta para que el no casado tenga las manos ocupadas sin meterse en camisa de once varas.

Estas cualidades, si se integran en la vida de uno, son infalibles para producir una persona atractiva y admirada en el presente y para el futuro. Al mismo tiempo nos preparan para este futuro, que será el matrimonio. Y si no, el individuo que ha tenido este entrenamiento será sin duda más valioso y estimable en su habilidad para ser amigo de otros, tanto del propio como del sexo opuesto.

Walter Trobisch, en *Yo amé a una chica*, una notable recopilación de su correspondencia privada con dos jóvenes africanos, lo expresa muy bien.

«Está muy bien, François, que quieras prepararte para el matrimonio. Pero lo más importante aquí no es el funcionamiento físico de los órganos sexuales. Lo que importa es el ajuste psicológico, en otras palabras, la afinidad de los corazones y las mentes, entre los dos que se van a juntar.

»¿Has oído alguna vez la orquesta cómo afina los instrumentos al ir a empezar un concierto para ponerse acordes en el tono? Primero vienen los oboes, violines y flautas. Si el director empezara con las trompetas y los tambores harían mucho ruido, y no podría oír a los violines. Lo mismo ocurre en la orquesta del matrimonio. El ajuste del corazón y de la mente corresponden a afinar la madera y la cuerda, luego vienen las trompetas en que suena el sexo.»[1]

Control al tacto

¿Adónde nos conduce todo esto en cuanto a nuestras convicciones personales sobre la moral y los standards, desde un punto de vista práctico? Los deseos y los impulsos intensos son todavía parte de nuestra constitución. No pueden ser negados y la represión no es lo que Dios fomenta; estos impulsos son parte de la forma en que nos hizo; son buenos, rectos y hermosos. Pero Dios quiere que los mantengamos bajo control. Incluso después del matrimonio, en que hay enfermedades inevitables y separaciones, este autocontrol es necesario. Antes del matrimonio esta tremenda fuente de energía no debe ser negada ni soltada, sino canalizada por cauces constructivos.

No estoy hablando de la ducha fría o la vuelta a la manzana clásicas. El esfuerzo físico puede distender la tensión y a veces es necesario. Pero como parte de nuestro impulso sexual es el deseo de relacionarnos con otros de modo significativo, una excelente manera de dar salida a esta energía es establecer contacto de modo activo con otra gente.

Reconociendo pues esta vital necesidad, de mezclarnos de modo activo con otros, ¿cuáles deberían ser nuestros standards de conducta con respecto al sexo opuesto? Las convicciones personales aquí deberían formarse no sólo a partir de «lo que es correcto» sólo, sino de «lo que es sabio y prudente». «¿Qué es lo que mejorará o contribuirá mejor al desarrollo de las cua-

1. Walter TROBISCH, «Amé a una chica» (New York: Harper and Row Publishers, 1964), págs. 6-7.

lidades deseadas en una relación total entre yo y la persona del sexo opuesto?»

El establecer contacto físico con otra persona puede pasar a primer término y ahogar otros puntos de importancia esencial en la relación total. El establecer comunicación fuera del área verbal, dando lugar a una intimidad física, puede destruir la habilidad para la comunicación verbal. Este tipo de relación confunde a los dos, al chico y a la chica. Para el chico le será casi imposible distinguir entre amor egoísta y deseo egoísta; para la chica le producirá inseguridad con respecto a lo que es más valioso para el chico: un cuerpo deseable o la persona interior, la real.

Si una pareja decide casarse cuando las cosas están en este punto están en realidad decidiendo edificar la casa sin haber comprobado el terreno en que asentar los cimientos de la misma. ¿No sería mejor evitar el contacto físico hasta que se vea mejor qué tipo de entrega personal total pueden hacerse el uno al otro? El matrimonio ulterior, la máxima entrega, sólo es prudente si los cimientos del conocimiento mutuo se demuestran sólidos; en modo alguno basta conque la mutua presencia garantice una excitación hormonal superior al umbral del entusiasmo.

La expresión del afecto y pasión de modo físico parece algo tan natural como respirar. Saber cuándo se ha llegado al límite de esta expresión es una faceta atrozmente difícil del problema general del reconocimiento de los límites en la vida. Pero si tenemos los pies puestos firmemente en la convicción de que «lo primero en la vida es agradar a Dios» la dificultad disminuye. Hay un versículo que ha sido para mí una norma de conducta: «Integridad y rectitud me guarden, porque en ti he esperado». (Salmo 25:21.) Dios definirá este nivel de «integridad y rectitud» a la persona que confía en El y desea reconocerlo para observarlo.

El siguiente paso es evitar situaciones que se presten a zarandear este standard que Dios le ha dado a entender a uno. Muchas veces somos como el chiquillo que se lleva a la piscina el traje de baño, aunque su madre le prohibió que se bañara. Lo lleva solo por si no pudiera resistir la tentación de bañarse y cayera. Si nos asociamos con personas y frecuentamos sitios tales que, al hacerlo, es claro que no usamos prudencia y circunspección, es evidente que vamos a tener dificultades en mantenernos en este lado del límite que no queremos cruzar.

Los standards de pudor no son exclusivos del vestido; el pudor es una actitud interior más que una apariencia externa. Una mujer puede ser provocativa vestida como su abuela. Hay que ser consciente de hasta dónde tratamos de empujar los límites de lo prudente, porque no sirve de nada excusarse con un: «No fue culpa mía...»

El contacto en sí no es nada digno de reprobación. El contacto es básico en el mundo de las relaciones humanas. Demostramos nuestro afecto a un bebé abrazándolo cariñosamente, y lo mismo hacemos con nuestros familiares y amigos, y también los besamos si viene al caso. Estas expresiones son espontáneas aunque las pautas varían en diferentes culturas y aun familias. Hay familias que se están abrazando constantemente. Otros son más reservados. No hay inconveniente, como es natural en expresar el afecto de la misma manera entre amigos íntimos, aun de sexo opuesto, en determinadas ocasiones.

Un criterio sensato podría ser: la expresión física que se considera apropiada para la familia y los amigos del mismo sexo es apropiada para los amigos del sexo opuesto. Porque sin un interés genuino en la persona total, toda expresión física se vuelve superficial y egoísta.

Es difícil a veces distinguir entre afección profunda y pasión. Incluso el inocente beso de «adiós» o «buenas noches», puede arrastrar una subcorriente de deseo intenso. No es que la pasión sea nada malo. Dios nos hizo así y nos proporciona un medio de cumplimiento en la permanencia del matrimonio.

Pero, antes de la entrega personal realizada en el matrimonio, ¿por qué empezar algo que no hemos prometido terminar o no tenemos la libertad de hacerlo? Espero amar a mi esposo tanto que quiero honrarme y respetarme a mí misma para él, ya ahora. Pero no se trata simplemente de un mero «guardarse para», sino de disfrutar de la profunda y total relación centrada personalmente, ahora, sin defraudar y sin provocar deseos incumplidos o incumplibles.

De nuevo hay que insistir en que Dios distingue el nivel de «integridad y rectitud» de lo que es verdaderamente prudente, y lo hace de un modo personal, si se confía en El y se procura conocerlo.

La mayor parte de lo que aprendemos nos cuesta, por medio de experiencias que duelen y contrarían, pero que enseñan, a pesar de todo. No tenemos por qué seguir arrastrando los pies fangosos en los charcos del fracaso del pasado. Podemos dejarlo todo atrás y empezar ahora, en este momento, procurando desarrollar nuestro potencial sexual de una manera que Dios pueda aprobar. La decisión de proseguir en el camino de la pureza personal sin mengua de mantener nuestra relación generosa con otros, de un modo serio, voluntarioso, es el modo de empezar en la dirección apropiada.

La clase de persona que estoy describiendo quizá podría llamarse con un nombre que, probablemente, es ya imposible de rescatar de otros significados, y este nombre es «sensual». Gladys comenta sobre esto en su libro *Yo misma*: «"Sensual" es una palabra que hoy es imposible de limpiar, ya que inmediatamente evoca el sentido de sexual. Yo quisiera usarla indicando como "sensual": el estar presente en todos los momentos de la vida, palpar la vida, disfrutar de ella, explorarla, apreciar el mundo hecho por Dios y la gente que hay en él».[2]

El siguiente poema fue escrito por Michel Quoist, en su libro *Oraciones*, y es el grito conmovedor del corazón de un adolescente:

«Quiero amar, Señor,
Quiero amar, lo necesito.
Todo mi ser me lo pide;
Mi corazón,
Mi cuerpo
    suspira de noche
    por un amor desconocido.
Mis brazos se agitan de un lado a otro
    buscando un objeto y hallan el vacío.
Estoy solo y quiero compañía.
Hablo, y no me escucha nadie.
Vivo, y nadie palpita al contacto de mi vida.

¿Por qué ser rico
    si no hay nadie a quien pueda enriquecer?
¿De dónde viene este amor?
¡Quiero amar, amar, Señor!
¡Lo necesito!
Aquí estoy, Señor, la noche se me echa encima,
    y todo este amor se enfría y se marchita inútilmente.

¡Oyeme, hijo!
Para, y emprende un peregrinaje largo y silente
    hacia el fondo de tu corazón.
Ve caminando al lado de este amor,
    como si fuera un sendero,
    como si fuera un arroyo, para hallar la fuente,
Y en el misterio infinito de tu alma turbada

2. Gladys HUNT, «Yo misma» (Grand Rapids, Michigan: Zondervan Publishing House, 1972), pág. 109.

hallarás el manantial, y el manantial
¡soy Yo!
Porque Yo soy amor, y amor he sido
desde el principio,
y nada más que amor. Y ahora
este amor está en ti.
Yo soy el que te hago amar,
El amor es eterno.
Y este tu amor
pasará luego a otro y aun a otro...
Es a ella que buscas ahora, y tú eres ella,
Así que no te agites, es mejor que te calmes;
ella se va acercando,
porque así lo dispuse en mi amor.
Espera hasta que llegue:
ella se va acercando,
tú te vas acercando.
No tengas miedo, no pasará de lado,
Sabrás al punto cuál es la que yo te he dado.
Su cuerpo es a medida, a tu medida,
Y el tuyo, a la de ella,
Los corazones laten al unísono,
y aunque ahora os envuelven a los dos las tinieblas
y en la noche, ¡mi noche!
no podáis vislumbraros,
cuando sea el momento, si confías
en Mí
yo volveré la oscuridad en luz.
¡Tú eres de ella! ¡Ella será de ti!

Por tanto, no te inquietes
Aquí y allá. Sé sensato y prudente.
Que eres de ella, ella sola,
como ella es tan sólo para ti.
Entretanto,
esta tu sed de amor
hay que abrevarla

en otras aguas, las del amor fraterno:
hay hermanos a espuertas
que esperan que los toques con tu afecto,
una palabra cariñosa y dulce,
una palabra sabia o de consuelo,
una palabra de ánimo y de aliento.
¡Ya lo sé, no lo digas!;
éste es un largo y duro aprendizaje.
Pero, si crees que este amor es insulso,
que no te hace vibrar los sentidos
como el del sueño
lejano,
Entonces te diré que te equivocas.
De amor hay sólo uno.
Amar es darse a otros.
Lo demás no es amor, es puro cieno.

¡Señor! Perdóname y ayúdame.
Tú lo sabes mejor.
Quiero empezar por el principio y bien...

Como el poeta Michel Quoist, yo también creo en
el amor premarital.
Sí, sí, puedo ayudarte, hermano, espera...» [3]

3. Michel QUOSIT, «Amar la oración del adolescente»,
«Oraciones» (New York: Sneed and Ward, Inc., 1963), págs.
52-53.

CAPITULO SIETE

EL DESARROLLO EMOTIVO:
EL AMOR PREMARITAL ES MAGNIFICO

«No sé todavía lo que ocurrirá en el futuro: si nos casaremos o no, Virginia, pero le amo de veras. Me interesa vivamente lo que ocurre en su vida. Me interesa más y más cada día. ¿Te parece bien que sea así, aun cuando no sé si es el chico con quien me voy a casar?» La cara de Dorothy resplandecía cuando me decía estas palabras comunicándome el amor, evidente, que sentía por él. Pero fue su última pregunta la que enturbió el brillo de su entusiasmo.

«Dorothy —le contesté—: he aprendido que nunca se pierde cuando se ama de veras. Yo soy también vulnerable, por culpa mía, a heridas de todas clases..., pero nunca pierdo. Ni se achica mi corazón porque doy parte de él a otros y quizá simplemente, a otro, algún día.

»En vez de disminuir, el dar crea una mayor capacidad de amar y de ser amado. El amor es algo de lo que no sabemos nunca bastante tejas abajo, y yo aprovecho todas las oportunidades para aprender.»

No estaba abogando por ofrecer promesas prematuras ni promiscuidad de ninguna clase. Ninguna de las dos es necesaria para el amor. Al contrario, son obstáculos serios para el despliegue del amor de Dios en nosotros. Si se aprende primero de este amor, tanto las promesas de entrega como la expresión física tienen significado sólido.

La voluntad de amar

El amor se cubre con el ropaje de las emociones, pero no empieza verdaderamente en ellas. Sus raíces se hallan en la voluntad. Recordemos que antes de que el amor signifique nada hay que empezar eligiendo, es decir, haciendo una decisión.

Dios decidió amarnos, y nos da la opción de corresponder a este amor, como la dio a Adán y Eva. El da a cada individuo «sólo» la opción de responder a este amor. Esto es lo que hace del cristianismo algo profundo de un modo especial entre la multitud de otras religiones y filosofías nobles existentes.

El hombre no tiene que llegarse a Dios por medio de un ritual o una meditación intensa. Dios toma la iniciativa y alcanza al hombre con su amor.

A. W. Tozer comenta:

«Es extraño y maravilloso que el Dios libre permitiera que su corazón se enlazara emocionalmente con el hombre. Es autosuficiente, y sin embargo, quiere nuestro amor, y no cesa hasta que lo alcanza... Libre, se ata a nosotros para siempre... El verdadero gozo del cristiano es la respuesta armoniosa al canto amoroso del Señor.» [1]

1. A. W. TOZER, «El conocimiento de lo santo» (New York; Harper and Brothers, 1961), págs. 107-109.

El amor de Dios no es motivado por la necesidad, sino por la «plenitud que desea enriquecer a otros».[2]

> «El amor siempre perdona, y da
> Con las manos abiertas, sin reservas.
> El dar le hace vivir,
> El vivir le hace dar.
> El amor nunca cierra las puertas;
> Cuanto más da, más satisfecho está.»[3]

Se habla mucho de «amor» hoy en día, pero en gran parte, lo que pasa como tal es un vago remedo de amor. Y lo es porque no piensa en dar sino en obtener. Cuanto más consigue, más se esfuerza por conseguir.

Una de mis estudiantes en la universidad me describía cuán enamorada estaba de un cierto amigo suyo. Admitía que el chico no siempre era tan comedido como hubiera sido de desear, pero que ella lo amaba, a pesar de todo. Me decía: «Me hace sentir como una reina cuando estoy con él, una verdadera reina. Esto me gusta. Me da la admiración que necesito».

«¿Qué es más importante para ti, lo que tú le das a él, o lo que él te da a ti?» —le pregunté.

Sin embargo, esta pregunta se quedó sin respuesta.

Dios quiere que nuestras vidas estén embebidas de un amor acrisolado, del que se haya eliminado el egoísmo. El motivo de este amor es dar, no recibir. Y con todo, el resultado de un amor semejante es recibir y en abundancia insospechada.

Parece una paradoja, ¿verdad? Yo no amo a fin de disfrutar, pero cuando amo sin egoísmo este amor es una fuente de deleite. Es este el amor instituido por

2. C. S. Lewis, «Los cuatro amores» (New York: Harcourt Brace Jovanovich, Inc. 1960), pág. 175.
3. J. Sidlow Baxter, «Yendo más hondo» (Gran Rapids, Michigan: Zondervan Publishing House, 1959), pág. 143.

Dios. Porque la verdadera naturaleza del amor es deleitarse en el objeto.

«Jehová está en medio de ti, poderoso, él salvará; se gozará sobre ti con alegría, callará de amor, descansará en amor, se regocijará sobre ti con cánticos.» (Sofon. 3:17.) Salvar equivale a «dar»; cánticos equivale a «deleite». Por tanto, esto hace de nuestro objetivo principal: «el agradar a Dios», a la vez la apropiación de Su amor y el cumplimiento de este amor. Su amor pasa a ser nuestro deleite. Sólo Dios es capaz de enseñarnos esta calidad de amor.

Menudean ahora las canciones populares con títulos así: «Lo que mueve al mundo es el amor» o bien «El amor le da a la manivela del mundo», y otros más o menos llamativos. No me parece que fueron escritos para ser interpretados como sentencias profundas espiritualmente, pero con todo, expresan la verdad. El amor es la fuerza central que mueve y motiva en una vida satisfecha.

Nuestra civilización presente puede sugerir muchas otras soluciones para restablecer la seguridad y la paz individualmente y en la sociedad en general. La gente va buscando sin cesar algún elemento que falta en sus vidas y se acercan a la verdadera fuente, en su búsqueda por amar y ser amados. Pero no se dan cuenta de que con hábiles manos alguien por arte de birlibirloque sustituye el amor y pone en su lugar la lujuria, la más de las veces.

Se dice que los niños son los mejores maestros, y sin duda por medio de su sinceridad transparente podemos aprender mucho. Tuve una experiencia con un niño recientemente que ilustra la necesidad de amor y su significado verdadero.

Estaba arropando a mi sobrina Mary al ponerla en la cama una noche. Me dijo que me quedara un momento y me preguntó con mucha seriedad:

«Tía Virginia, ¿ha habido algo que siempre has querido y que no sabes lo que es?»

«¿Quieres decir un juguete o algo para comer?» —le pregunté.

«No —suspiró—, no quiero decir eso. Es algo, pero no sé lo que era. Si lo tuviera sé que sería feliz. Me parece que es esto lo que necesito para divertirme y divertirme siempre.»

¡Cuán bien se describe aquí el vacío anhelante de la vida egocéntrica! Los niños deben aprender que el centro del mundo no son ellos mismos. ¿Es posible que algunos mayores no lo hayamos aprendido aún?

Me conmovió aquella noche el comentario de mi sobrina, sabiendo que en los meses anteriores recientes había crecido en su comprensión del amor y perdón de Dios, y le contesté con esta explicación:

«¡Mira, Mary! Es bonito divertirse, pero esto no es lo que nos hace de veras felices. El hacer felices a los que nos aman es lo más divertido del mundo. Dios te ama y cuando le obedeces le haces feliz. Papá y mamá te aman, y cuando les obedeces les haces felices. Cuando no eres obediente le duele a Dios, a papá y a mamá. ¿Estás contenta entonces?»

«¡No!» —me contestó, solemne.

«Yo aprendí esta verdad cuando tenía tus años. Cuanto más trato de hacer felices a los demás, más feliz soy yo. Dios nos ayuda a obedecer. No quiere que seamos egoístas. Nos ayuda de veras a amar a otros y a El, de la misma manera que El nos ama a nosotros.

»El dar a los demás es más importante que el que nos den cosas. Entonces sí que eres feliz. ¿Lo entiendes?»

«Me parece que sí» —me contestó, moviendo la cabeza. Le di un abrazo y un beso y le dije:

«Yo te quiero mucho, Mary. Dios, y papá, y mamá, también. Todos queremos que seas feliz.»

Me fui orando. Orando para que se lo hiciera comprender.

La prueba de que había comprendido llegó cuando vino mi cumpleaños. Sus padres habían dispuesto un regalo que venía de Mary para mí, y lo aprecié. Pero Mary tenía sus propios planes. Me regaló cuatro monedas de un centavo, cuidadosamente envueltas en un papel, y encima, escrito: «Te quiero».

Quería demostrarme su amor dándome algo importante para ella, parte de ella misma. ¡Cuánto aprecié este regalo de un amor generoso! ¡Qué cara radiante la suya al dármelos!

El temor de amar

Tenemos que aprender a amar, tenemos que aprender la manera de amar. Pero lo primero es que nos abramos para aprender. Por muchas razones tememos amar y ser amados. Somos como el niño que quiere aprender a nadar pero se resiste a echarse al agua por miedo de ahogarse. Los psicólogos nos dicen: «Es uno de los hechos más desconcertantes de la existencia humana el que a menudo nos esforzamos por evitar la misma experiencia que más deseamos».[4]

Tememos sufrir una desilusión, un desencanto, ser rechazados. Recordamos otras veces en que nuestra confianza fue traicionada, promesas quebrantadas, o se correspondió con una respuesta indiferente a nuestros intentos de amar. Es mucho más fácil retraerse y evitar mayores daños que exponerse de nuevo.

Durante un período en que me sentía herida, encontré un pasaje escrito por C. S. Lewis en su libro *Los*

4. Marshall BRYANT HODGE, «Tu miedo al amor» (Garden City, Nueva York).

cuatro amores. Me increpó por mi temor a amar otra vez.

«No hay ninguna inversión que sea infalible. El amar, a secas, es hacerse vulnerable. Ama, lo que sea, y tu corazón se verá sin duda retorcido, cuando no roto.

»Si quieres estar seguro de mantenerte incólume no le des tu corazón a nadie, ni aun a un perrito. Lo envuelves cuidadosamente con hobbies y lujos, evita toda obligación innecesaria; enciérralo en la caja fuerte de tu egoísmo. Pero, dentro de esta caja fuerte, seguro, a oscuras, sin aire ni movimiento, va a cambiar, no lo dudes. No se romperá... ¡eso no!, pero se volverá impenetrable, duro, irredimible...

»No nos acercamos a Dios tratando de evitar los sufrimientos inherentes a toda clase de amor, sino aceptándolos y ofreciéndoselos a El, quitando toda armadura defensiva. Si nuestros corazones han de ser quebrantados, y El escoge quebrantarlos de esta manera, que así sea.» [5]

Dios no causa nunca dolor, porque su amor y su bondad son perfectos. Un corazón se rompe como resultado de vivir en un mundo y con personas cuyo corazón está lleno a su vez de resquebrajaduras. Todos sufrimos en un momento u otro. Sin embargo, Dios usa el dolor como tutor del amor.

Cuando la desilusión y el desencanto nos dan oportunidad para vernos como somos, nuestras reacciones emotivas tienden a ser sinceras. Podemos observar con frecuencia que nuestros motivos y actitudes en el asunto no eran muy generosas, después de todo. Esto da a Dios la oportunidad de purificar nuestro amor y hacernos desear lo mejor para aquellos a quienes amamos.

Este es uno de los procesos que más conmueven y que más enriquecen en la vida, ¡y sé que esto es cierto! Experimenté gozo en un nivel profundo cuando un jo-

5. C. S. Lewis, obra citada, págs. 169-170.

ven a quien yo amaba mucho se casó con otra chica después de convencerse de que Dios le hacía ver que hacerlo sería mejor para él. Mi gozo genuino ante su felicidad no fue un autosacrificio magnánimo por mi parte; fue el resultado del proceso en que Dios puso mi amor en el crisol. Fue un milagro divino, no mi entereza.

Parte de nuestro temor a amar y ser amados procede de la incapacidad de aceptarnos a nosotros mismos. La intimidad emocional existe un nivel de comunión sincera. La desconfianza de no saber bien lo que somos, aparte de la fachada externa, puede prevenir el que nos entreguemos.

Si no nos amamos a nosotros mismos, no seremos nunca capaces de aceptar el hecho de que otros puedan amarnos. Levantamos muros que nos protejan del temor y el rechazo, pero todavía estamos incómodos con nosotros mismos dentro del patio interior. No nos comprendemos y lo que comprendemos, no nos gusta.

Y los individuos que obran así no son siempre los que se aíslan, los ermitaños. Muchos usan la actividad para escapar de la soledad de su temor e inseguridad interiores. La persona siempre ajetreada, hiperactiva, ambiciosa, puede muy bien usar todas estas actividades como ladrillos para construir su muralla. Puede incluso creer que el ancho despliegue de actividades es una especie de «ministerio».

Y con todo, aparte del mero hecho de ayudar a otros, es incapaz de establecer contacto, comunión. Es trágico ver a estas personas que lo dan todo, en términos de esfuerzo y de energía, a aquellos que creen que necesitan ayuda, excepto lo que es más necesario dar... darse a uno mismo.

Esta actitud no es parte del ideal que Dios nos muestra. El quiere que pongamos profundidad en nuestras relaciones personales. Quiere enseñarnos a dar amor y quiere ayudarnos a desprendernos de nuestros temores.

La libertad de amar

Sin amar, la estabilidad de nuestra fábrica emocional entera está amenazada. El amar produce un ambiente saludable para nuestras otras emociones. Sin él, el temor, la soledad, la depresión, ira, odio y culpa tienen fácil acceso y pueden dominar nuestro mundo.

El amar no elimina los sentimientos negativos por completo, pero proporciona los medios para hacerles frente. El amor abre la puerta al gozo, paz, seguridad, paciencia y coopera con ellas a gobernar nuestras vidas.

El doctor Donald Grey Barnhouse hace el siguiente comentario a unos versículos conocidos (Gálatas 5:22, 23): «El amor es la clave. El gozo es el amor cantando. La paz es el amor descansando. La paciencia es el amor sufriendo. La benignidad es el vestido del amor. La mansedumbre es el amor olvidándose de sí mismo. La templanza es el amor con las manos en las riendas.» [6]

Si decidimos amar, podemos empezar aceptándonos a nosotros mismos, al amar a otro. Aprendemos acerca de nosotros mismos en el proceso sobre nuestra capacidad de egoísmo, sobre cómo tratamos de manipular a otros para nuestra conveniencia. Nos quedaremos sorprendidos de la capacidad que Dios nos da para allegarnos a otros, para interesarnos de modo genuino en sus vidas.

Al escoger amar aprenderemos mucho de los otros. El amor hace más importantes los entendimientos, ideas, problemas, esperanzas y contrariedades de otra persona que los nuestros propios. El entender la vida de otro

6. Doctor Donald Grey Barnhouse (fuentes desconocidas).

y participar en ella no es nunca energía perdida. Si nuestra perspectiva de la vida consiste sólo en lo que experimentamos tendremos una visión superficial, estrecha. La penetración en el mundo «real» de las personas reales, viene sólo como resultado de la comunión, del amor.

Quizás el contexto más difícil para desarrollar esta calidad de amor sea la relación entre un hombre y una mujer. Por el hecho de que el hombre y la mujer están destinados a completarse, a complementarse el uno al otro, hay necesidad de una mayor motivación hacia el desarrollo de un amor basado en el dar (no recibir). Sin embargo, cada uno siente la tentación de ser egoísta, posesivo y celoso, y con frecuencia estamos tan preocupados en llenar nuestras necesidades interiores, que es difícil ofrecer un amor generoso.

Todos los matrimonios deben ser precedidos por esta calidad de amor, pero este amor no tiene por qué ser seguido por el matrimonio. No es necesario que todas las amistades envuelvan esta profundidad de amor. Pero no hay por qué algunas no la tengan.

Creo que mi amiga Dorothy, a quien conocimos al principio de este capítulo, está experimentando la belleza de una relación así. Me dijo: «Si llegaré o no a ser su esposa no es lo más importante para mí. Quiero ser lo que él necesita ahora. Quiero darle apoyo, orar por él, ser sensible para captar las formas en que puedo ayudarle. Dios cuidará del futuro. Entretanto no quiero perderme lo mejor, procedente de El, para los dos».

Dorothy no teme que el amor a este chico sea un error. Para mí, es hermoso, una generosidad graciosa del corazón que es una reflexión del amor de Dios en su vida. Si se casa con este chico, que parece quererla de la misma manera, ¡qué matrimonio más feliz! Si no, los dos habrán crecido en el conocimiento del amor, y en la

profundidad de su sensibilidad, y capacidad de responder y darse a otros.

La mente y el amor

Hay un contraste interesante en las Escrituras con respecto a lo que enseñan referente al amor y la sabiduría. Comparemos con cuidado estos pasajes:

Sabiduría	*Amor*
(Santiago 3:17) «Pero la sabiduría que es de lo alto es primeramente…	
pura	«…el amor nacido de corazón limpio, de buena conciencia y de fe no fingida.» (1.ª Timot. 1:5.)
llena de misericordia después pacífica, benigna,	«El amor es sufrido, es benigno; el amor no tiene envidia, el amor no es jactancioso, no se envanece; no hace nada indebido, no busca lo suyo, no se irrita, no guarda rencor; no se goza en la injusticia, mas se goza en la verdad.» (1.ª Corintios 13:4-6.)

y de buenos frutos	«Mas el fruto del espíritu es amor, gozo, paz, paciencia, benignidad, fe, mansedumbre, templanza.» (Gálatas 5:22, 23.)
sin incertidumbre	«Todo lo sufre, todo lo cree, todo lo espera, todo lo soporta, El amor nunca deja de ser; pero las profecías se acabarán y cesarán las lenguas y la ciencia se acabará.» (1.ª Cor. 13:7, 8.)
ni hipocresía.»	«El amor sea sin fingimiento.» (Romanos 12:9.)

Parece pues que hay una relación estrecha entre los dos. Pablo dice: «Que vuestro amor abunde aún más y más en ciencia y en todo conocimiento». (Filip. 1:9.)

¿Podríamos decir que la sabiduría debe ser la mente del amor?

Hemos definido el amor como escoger lo recto y superior para el amado... y esto exige sabiduría. Esto da estabilidad a nuestra naturaleza emotiva cambiante. El amor real no depende de nuestro cambiante humor. Más bien se halla profundamente enraizado en nuestra voluntad y en la sabiduría de la mente y no es cambiable o incierto.

Como individuos, solos, «solteros», podemos tener esta calidad de amor en nuestras vidas. Este amor define nuestro potencial emotivo. ¡Qué diferencia hará en nuestras vidas, seamos casados o solteros!

La sabiduría puede ser definida como ver la vida desde la perspectiva divina. El vivir la vida desde la perspectia divina es AMAR.

El amor, como hemos visto, necesita un objeto. Las personas son el objeto de preferencia del amor... toda clase de personas. Vamos a hablar de ellas.

CAPITULO OCHO

DESARROLLO SOCIAL:
LO QUE CUENTA ES A QUIEN
CONOCE USTED

Uno de los autores más penetrantes que conozco y cuya lectura es siempre deleitosa es Ethel Barrett. Aquí sigue un interesante fragmento de su «¡Gente, gente, gente!»

«El viejo dicho de que "la soledad es con frecuencia la mejor compañía" es verdad sólo si se tiene en cuenta el "con frecuencia" o se sustituye por "de vez en cuando" y no se toma la soledad como panacea universal. Porque en la soledad puede desarrollarse todo menos el carácter. Podemos aprender muchas cosas, llenarnos la cabeza de teorías, aprender el arte de la meditación, e incluso hacernos más espirituales, pero el carácter se forma sólo dándose encontronazos con la gente.» [1]

Este deporte de contacto al que podemos llamar

1. Ethel BARRETT, «¡Gente, gente, gente!» (La vida de familia hoy), vol. I, n.º 1, diciembre 1974, pág. 8, copyright, 1975, por Gospel Light Publications, Ca. 91209.

«darse encontronazos» no es fácil de jugar, no importa el puesto que se ocupa en el juego. Un deportista casado, con su media costilla y los hijos ya tiene su equipo en marcha. El bebé llorón y la esposa nerviosa cuando el marido está cansado es una garantía de muchos goles. Mis amigos casados, entre aspirina y aspirina, me dicen que sí, que vale la pena, y en algunos casos que «no se arrepienten». Lo creo, lo creo..., la mayoría de las veces.

Uno de estos momentos de duda ocurrió cuando vi a una madre amiga mía, chica valerosa como pocas, que se cayó literalmente de cansancio después de viajar durante tres días sin poder dormir. Aquí no se necesitaba consejo espiritual o palabras de sabiduría. Lo que precisaba era, aparte de mandarla a la cama, que hubiera habido un reparto más equitativo de los «encontronazos» bienhechores, cuya virtud en este caso salió por la culata. Con todo junto a los críos, y sin chistar, prosiguió el viaje hasta el fin. Esto sí que es carácter... y amor generoso en abundancia.

Eso de los encontronazos no es fácil para los solteros tampoco a veces. La escena social más frecuente con la que nos encontramos es con los de la misma edad y situación similar en la gama de la vida. Estas amistades caen en dos categorías, las que son del mismo sexo y las del opuesto. No estoy segura de que tenga mucha importancia esta diferencia, dentro de la amistad, pero se dice que la tiene.

El noviazgo es, naturalmente, diferente, pero es mucho más suculento cuando le precede una amistad sincera y abierta. Con todo, muchas veces una amistad franca es echada a perder o malograda por la sospecha, los celos, instinto posesivo, es decir, el viejo y conocido egoísmo.

Vamos a dar una mirada primero a las relaciones entre los sexos. Los contactos ocasionales, diarios, son difíciles para algunos chicos y chicas, especialmente entre los que están «por elegir». ¿Cómo entro en relación con un chico o una chica?, y ¿Qué hacer cuando somos presentados? Estas dos son preguntas frecuentes.

Durante años, en la profesión en que trabajaba, estaba siempre con chicas; enseñaba a chicas, vivía con chicas, acabé teniendo una sensación un poco extraña cuando me hallaba entre chicos. Así que empecé a reaccionar de un modo excesivo, para evitar que mi natural amabilidad fuera interpretada como seductividad o agresividad solapada. Llegué a un extremo de despego, aunque no era más que un síntoma de mi inseguridad y suspicacia. Un chico, buen amigo, me dijo más adelante que la primera impresión que le causé fue que yo era la persona más arrogante que había conocido, y me temo que daba esta impresión. Esta actitud no me corresponde, ni por mí ni por Aquel a quien represento.

Hay un equilibrio entre flirtear y darse pisto. No estoy segura de que pueda decir dónde está la diferencia. Pero creo que Dios puede ayudarme a evitar los dos extremos, dándome libertad personal. Dios quiere que esté libre de timidez o inhibiciones conscientes que me hacen artificial cuando estoy con la gente. El está en plenas obras de renovación interna y cambiando mis actitudes en el proceso. Cuanto más se centra en las personas mi perspectiva social y más se centra en Dios mi satisfacción, menos inhibida me hallo y más equilibrada es mi interacción con los demás.

La cortesía debe ser la regla invariable en todas las relaciones, incluyendo las que afectan a los dos sexos. Una traducción de 1.ª Corintios 13:5 dice: «el amor tiene modales». Ya no hay que hacer genuflexiones y barrer el suelo con el sombrero como se hacía antaño en plena euforia caballeresca, pero tengo que admitir que me encuentro mejor entre chicos que de un modo natural muestran consideración y cortesía, sin que sean conscientes de ello, porque es espontánea.

Las mujeres deben aprender a esperar y aceptar con gracia esta cortesía, y, naturalmente, a devolverla. Estoy sonriéndome cuando digo que estas lecciones a veces no son sin dolor. La semana pasada, por ejemplo, esperaba que alguien aguantara para mí una puerta de vidrio abierta, que se cerraba automáticamente. Erré en mis cálculos y mi nariz sufrió las consecuencias. Unos días después, para no hacer el bobo otra vez me abrí la puerta del coche y con presteza volví a cerrarla, para evitar ayuda externa, pero me olvidé de retirar los dedos de la otra mano antes de dar el portazo. Hay que decir a veces ¡mala suerte! O sea que después de una fractura del pulgar, mucha simpatía y un buen regaño afectuoso, decidí esperar y ver, ojo avizor, sin embargo... porque la cortesía de los «caballeros» es en principio preferible.

Hay, sin duda, buenos libros para dar instrucciones respecto a las «citas», la tradicional manera de salir juntos los chicos y las chicas aquí, en los Estados Unidos. No hay por qué no comprar uno y leerlo. Quizá la parte más difícil para un chico es «pedir» la cita. A veces esto conduce a «no pedirla» lo que es más fácil para el chico, pero no es recomendable. Todo tiene sus pros y contras.

El problema de la chica es saber cómo decir que no. Lo más fácil es un gracioso «Me gustaría, de veras, pero...» Frases hechas no son la solución, sin embargo, y a menudo, no son las palabras que se dicen lo que cuenta sino la manera como son dichas. Cada cual tiene un estilo propio para expresarse, pero el contenido debe ser siempre cortés y sincero.

Un grosero: «Oye, tú, ¿qué vas a hacer este viernes?» no es apropiado para la mayoría de las chicas.

O bien les da la impresión de que están atrapadas, o piensan que, si no hay nada que puedan considerar preferible, lo mismo da ir con el chico.

Alguna variante de «¿Tienes inconveniente en salir a comer el viernes conmigo?» o «Me gustaría ir contigo al partido, o al concierto, o lo que sea: ¿te interesaría?», son dos fórmulas un poco más civilizadas.

Una de las mejores oportunidades para practicar mentiras blancas es cuando hay que decir no, sin ofender. Una chica amiga, ahora ya casada, una vez, hastiada de la inoportunidad de un individuo, le contestó: «¡No es posible, porque antes puede que ocurra la venida del Señor!» Como es natural, ésta no puede ser una respuesta standard.

No siempre es fácil dar con la manera apropiada, pero a veces basta con un simple: «¡No, gracias!» o «Prefiero no ir». Además deja las cosas más claras. Un sincero: «...pero aprecio la invitación» o «Muchas gracias por haberme invitado» parece más cortés.

No hay que dar explicaciones largas y detalladas. Naturalmente no siempre es tan fácil como repetir una de las frases anteriores. Esto es muy personal y es tontería pensar en respuestas que sean aplicables, como una moneda a una ranura, para sacar la solución: salir del paso. En todo caso hay que ser amable y sincero, sin excepción.

El proceso de encontrar la pareja es distinto en cada cultura, eso no hay por qué repetirlo. Es verdad, con todo, que el sistema de las «citas» va extendiéndose por todo el mundo. Algo que me ocurrió en el Medio Oriente y que ha sido comentado jocosamente en mi familia varias veces, me hizo apreciar más nuestra costumbre de que haya libertad para la elección.

Durante mi visita a Bethlehem, un árabe se acercó a mi padre y le preguntó quién era mi padre. Mi padre le contestó que era él. Seguro de a quien yo pertenecía, el árabe le dijo: «Pues le ofrezco veinte camellos por ella.

Sorprendido en extremo, mi padre sacudió la cabeza negativamente, a lo que el otro, para tentarle, continuó: «Le daré, además, cinco perros.»

Cuando me enteré de la oferta me quedé alicaída todo el día. Y lo peor es que no se le hizo ninguna otra oferta.

El salir en «citas», con el propósito de conocerse y tener compañerismo, en general es excelente. Pero también pueden usarse las «citas» para otra gran variedad de propósitos.

Uno de ellos es, por ejemplo, pensar en cada uno de los chicos de las citas como un candidato al matrimonio, con lo que las citas se reducen a salir a la compra matrimonial. Ni tampoco es necesario decir que no se debe dar una «cita» a todo aquel que se presenta. Es perfectamente legítimo tener preferencias personales y muchas veces lo más amable es evitar el tener que decir un no más recio luego, no dando facilidades desde el principio. Con todo, no hay que salir exclusivamente con chicos que sean admisibles como candidatos potenciales.

La relación mutua, con cierta intimidad, pero sólo temporal, es magnífica para el desarrollo de afecto generoso, centrado en personas. Sin embargo, hay un inconveniente, y es que estas amistades «saludables» pueden dar lugar al desarrollo de aspiraciones unilaterales. El uno puede decidir que sería magnífico que lo temporal pasara a permanente, y el otro decidir no llevar la cosa a mayores. La situación es siempre difícil de manejar y es necesaria mucha perspicacia y comprensión en estos casos.

Es inevitable que un «no» origine dolor, pero me temo que la mayor parte del dolor consista en amor propio. El decir «no» al matrimonio no excluye la presencia de profundo respeto, admiración y aun amor, pero significa que el complemento necesario para la persona total no existe en el otro individuo. La amistad que puede aceptar esta verdad y permanecer intacta es una flor escogida.

Para los más es preferible un acuerdo mutuo de terminar la relación sin resentimiento. No hay ninguna fórmula fácil para terminar una relación que ha tenido un colorido romántico. El ser sincero es esencial, pero no se necesita ser rudo.

Nunca olvidaré la pena de una amiga cristiana cuando un amigo suyo, con el cual estaba a punto de formalizar sus relaciones, le envió una carta de despedida brutal: «He quemado todas tus cartas y fotografías y espero que harás tú lo mismo. No deseo tener más contacto contigo». No solamente fue ordinario sino que era injusto.

Si una amistad ha sido bastante importante como para considerar que puede pasar a noviazgo, su terminación debería hacerse cara a cara, siempre que fuera posible. El escribir «Querido Juan» y escabullirse no es un método que exude dignidad y nobleza.

Sea el que sea el curso que se decida, debe ser claro y sin dudas. El método de «dejarlo correr poco a poco», aunque pueda parecer más caritativo en la superficie, es una causa de incertidumbre peor aún que una decisión definitiva.

Nuestras emociones vacilan, por naturaleza, aun en la mejor de las relaciones. Cuando la incertidumbre y la ambigüedad hacen presa de nuestra comunicación o nuestro silencio, estamos en peligro de que nuestra estabilidad emocional se debilite. En estos casos, es cuando mejor podemos decir, sin idealismos exagerados, que Dios es nuestra Roca.

El conocimiento de su bondad soberana es el fundamento sólido en medio de la incertidumbre que trata de hundirnos. Pero esto no nos excusa en manera alguna de nuestra responsabilidad hacia la otra persona.

En todas nuestras relaciones hemos de ser sinceros, amables, claros.

Las «citas» pueden ser el gran pasatiempo norteamericano dedicado a «tirar dinero y evitar conocerse uno a otro». Los encuentros con chicos y chicas no tienen por qué seguir la pauta tradicional casi formalizada. Hay muchas otras maneras en que puede establecerse el contacto, como lo que puede llamarse «citas creativas» sin la rigidez de la comunicación en un ambiente formalizado típico. Los ratos más divertidos los he pasado en una atmósfera donde reina la espontaneidad. Cuanto más libre y cómoda me siento, más creo que es mi yo verdadero el que se muestra.

Además esto puede hacer el aspecto económico más llevadero. Los placeres más simples son a veces los mejores, y por tanto, una caminata o una excursión en bicicleta, u otro deporte, es mucho más económico para los que disfrutan de la vida al aire libre. Otros prefieren visitar sitios interesantes: museos, parques, jardines. Recuerdo incluso una tarde en que estuvimos leyendo lápidas en un cementerio.

También puede ser interesante leer los dos un libro y cambiar impresiones. Hay que conocerse en situaciones de la vida real. Es bueno tratar niños los dos juntos y visitar alguna persona anciana conocida por los dos. Si es posible hay que estar junto con los familiares del uno y del otro. Se puede aprender mucho de la otra persona viendo la manera como se relaciona con los suyos.

Hay que pedir a Dios que os dé a los dos sabiduría para conoceros. Después de todo, la norma de compañerismo de Dios es para el hombre y para la mujer, los dos. Un enfoque creativo, generoso a las «citas» contribuirá en gran manera a alcanzar el potencial de esta norma.

* * *

Las amistades dentro del mismo sexo son, naturalmente, una magnífica oportunidad para ejercer compañerismo. Con todo, con frecuencia no se llega a una relación excepcionalmente fructífera, porque interfiere en ella toda clase de rasgos derivados del egoísmo. Una amistad absorbente que requiere una confirmación constante en su valor y que se lastima fácilmente, no es muy saludable y no contribuye a crecer en amor.

El intercambio afectuoso entre verdaderos amigos es algo que debe tener la cualidad de «darse por entendido», es decir, espontaneidad, y no debe requerir especial atención, tiempo o favor. Esta actitud cordial no exige pruebas de «lealtad», le basta con la confianza. Hay sin embargo algo especial en el poder comunicar experiencias con otra persona con pautas de conducta que tienen en la base el mismo andamiaje hormonal y genético.

Hay que abrirse a los demás también

Las relaciones con personas del mismo grupo en cuanto a la edad son naturalmente necesarias, pero conviene también desarrollar una visión total de la experiencia humana. Es a veces difícil entender y aceptar a los que se hallan en otras situaciones vitales a causa de la edad, especialmente. Para conseguir esto no sirve prácticamente de nada leer libros de texto de Psicología. La comprensión y apreciación verdadera vienen sólo de mezclarse y reaccionar con las personas.

Niños

Es delicioso aprender a ver las cosas con los ojos de los niños. Tienen una manera única de «disfrutar del momento presente», un entusiasmo que se nos contagiaría si estuviéramos más en contacto con ellos. Los padres encuentran que hay disponible esta enérgica vitalidad, incluso en exceso.

Es muy fácil olvidar lo que significaba ser un niño cuya existencia está ordenada por los adultos. Un curso de repaso, es decir, pasar tiempo con los niños, no puede devolvernos esta perspectiva, pero nos enseña mucho acerca de la vida. Las observaciones de los niños pueden ser profundas. No suelen sufrir inhibiciones, y pueden ser francos y aun bruscos en sus evaluaciones. La simplicidad y la pureza del corazón del niño es el modelo que presentó Jesús a sus seguidores ya maduros.

Recuerdo con emoción una muñequita de unos ocho años, no más, que me dio una lección práctica, y una represión firme, por mi «falta de fe». Un día, Jennifer vino a la clase de patinaje sobre agua y me hizo una decidida afirmación: «Ayer aprendí un versículo y estoy dispuesta a ponerlo en práctica en la vida». (¡El vocabulario que algunos críos usan es para dejarle a uno de una pieza!)

«"Todo lo puedo en Cristo, que me fortalece…" y por tanto El me va a ayudar a que no caiga de los patines hoy.» El día anterior estaba aterrorizada y por tanto su coordinación era pésima. Sólo le contesté:

«Muy bien, querida, hay que hacer todo lo que se pueda.»

«¡Nada, nada! Jesús me ayudará, lo sé seguro. —No sé si fue por la actitud de confianza correcta psicológicamente, pero todo fue como una seda. Jennifer saltó a la plataforma, de vuelta, gritando—: ¿Lo ves? ¿Lo ves? Ya lo sabía.»

Los casados tienen tanto trato con niños como puedan desear, y quizá más a veces. Para los solteros hay también oportunidades: campamentos, Escuela Dominical y la cantera interminable que es el vecindario.

Una amiga soltera llegó a adoptar a un crío. ¡Esto

ya son palabras mayores! Cuando lo recibió en la casa el pequeño estaba asustado, abandonado, rechazaba toda manifestación de afecto. Al poco se había transformado en un niñito despejado, afectuoso, irresistible. ¡El poder del amor!

Ancianos

El pasar tiempo con las personas de avanzada edad puede ser también de gran provecho. La ciencia médica ha hecho mucho para aumentar la longitud en años de la persona madura, pero muy poco para hacer su vida abundante y llena. Nuestra sociedad no provee de modo satisfactorio para las personas de edad, y muchos están deprimidos, solos y acosados por sentimientos de invalidez, física y mental. Muchos casos seniles son un aislamiento psicoemotivo ante un ambiente desagradable y aun hostil.

Podemos añadir mucho a la calidad de las vidas de las personas de edad visitándolas con sincero interés. Y si aprendemos a escuchar, enriquecerán nuestras propias vidas de un modo infalible. La experiencia sazona y la sabiduría no tiene por qué temer de nuestros áridos conocimientos técnicos. La sabiduría se destila de la vida, no de los libros. En vez de descartar su charla como caducos «cuentos de viejas», haríamos mucho mejor escuchando con atención. Los mismos recuerdos desvaídos y deshilachados son mucho mejores para recrear el pasado, con vida y con emoción, que cualquier ristra de fechas y de nombres de un libro de texto. De ellos hemos de aprender a honrar nuestra herencia cultural.

Algunos dicen que los viejos no «marchan a nuestro ritmo», y sus opiniones son anticuadas. Es posible que el impacto del «último estornudo» de la moda en ellos sea mínimo, cuando a nosotros nos acelera el pulso, pero su conocimiento de la naturaleza humana básica, que no cambia, es muy superior al nuestro, aunque sólo fuera por los años.

Las buenas relaciones con los ancianos pueden también sernos útiles para que, poco a poco, vayamos ajustándonos de un modo realista al hecho de que también nosotros nos hacemos viejos. La preparación para ello no debe empezar a los sesenta y cinco, sino ahora. Debemos ver la edad avanzada no como una enfermedad sino como un cumplimiento. Pablo, en 2.ª Cor. 4:16, promete a los cristianos que van avanzando en años que: «aunque este nuestro hombre exterior se va desgastando, el interior se renueva de día en día».

Los jóvenes no suelen pensar en la edad provecta, lo mismo que evitan el tema de la muerte. Pero, todos tenemos que rendirnos a la inevitabilidad de los dos. Y el aceptar la edad avanzada es más fácil cuando nos damos cuenta de lo que también puede ofrecer.

Una de las ancianas más cariñosas y llenas de gracia que he conocido está ahora en edad muy avanzada. Me conoció como niña, me enseñó la Biblia en el tercer grado. Me proporcionó una sólida base de oración que me ha mantenido a flote más adelante, en períodos de crisis. ¡Qué precioso tesoro de amor! Estoy bien preparada para correr la «buena carrera» y terminarla bien, entrenada por esta ancianita, una gran campeona por la causa de Dios.

Casados/Solteros

El socializar con personas que han cruzado la linde matrimonial es otra manera de dilatar nuestra perspectiva vital. Los placeres y presiones de los dos estilos de vida pueden ser así vistos y apreciados mejor. Para que el alternar con casados un soltero (o viceversa) sea una experiencia placentera, es necesario que se tenga un sólido sentimiento de satisfacción en el estado en que uno se encuentra en el presente. Además, es de ayuda recordar que no todo es miel sobre hojuelas en ninguna de las dos vertientes, a uno y otro lado de la línea divisoria de la luna de miel. Veo la unidad matrimonial como algo maravilloso, pero también como agotadoras las responsabilidades de padre y de cónyuge. Mis amigos casados creen que mi libertad es algo precioso; también ven que el esfuerzo que tengo que hacer para ganarme la vida sola es duro. La relación entre casados y solteros, con una sincera y franca comunicación, ayuda a apreciar la vida en lo que tiene de positivo y negativo de modo más realista.

Estudiantes

Otro estadio de la vida con el que hay que mantenerse en relación (si es que ya se ha pasado) es con los estudiantes. Los estudiantes universitarios muchas veces aceptan un poco de solaz que les permita respirar fuera de la vida en torbellino del dormitorio. Recuerdo cuando era una estudiante, a los amigos ya mayores que me daban un refrigerio de vez en cuando para la vida del campus universitario. Sé de una pareja ya de edad, cristianos, que invitan cada mes a unos 40 ó 50 estudiantes, y les regalan con una comida opípara. ¡Es de ver la avidez con que los estudiantes escuchan sus consejos, antes y después de la comida!

Los estudiantes tienen mucho que enseñarnos, también, si escuchamos. Y el ayudarles en temas y papeles, con ideas y sugerencias, puede ser una experiencia interesante.

La familia

Es posible que las relaciones interpersonales más importantes sean las que tenemos con nuestra propia familia. Recordemos que se nos ha dicho: «Honra a tu padre y a tu madre», ¡y que este consejo pertenece al grupo de los Diez Grandes Mandamientos! La desintegración de la unidad de la familia es una tendencia social peligrosísima. No hay nación que haya sobrevivido a la misma. Esta tendencia es además desastrosa en un nivel individual.

Perdemos de vista que, como individuos, somos parte literal de nuestros padres. Las dos células originales de que se formaron nuestros cuerpos, procedieron del cuerpo de ellos, la fuente primaria de nuestra vida. No sólo en lo genético, sino también a causa del ambiente, nuestros padres han sido decisivos en formar nuestras actitudes, personalidades y perspectiva.

El cortar las amarras con nuestra herencia en los años posteriores a la infancia, si se quiere la adolescencia, no tiene el menor sentido. El aislamiento de las vidas que generaron nuestra vida no es ni natural ni recto.

Una relación buena entre los padres y los hijos debe ser continuada y debe ser la base de un amor y gratitud constantes. Un lazo estrecho de lealtad amorosa con nuestras familias no restringe en modo alguno nuestra habilidad para «vivir nuestras vidas». Es más, nos da libertad para «vivir» toda clase de relaciones.

Sin una base familiar robusta, un individuo puede hallarse entorpecido en todas sus relaciones interpersonales. Por ejemplo, si hay falta de respeto al padre como primera autoridad, es probable que tengamos también dificultades con toda figura de autoridad en la vida. El delincuente o insubordinado suele ser una persona que está acostumbrada a prescindir de la autoridad ya desde sus primeros años.

Los hombres forjan en gran parte su concepto de las mujeres a partir de su propia madre. Las mujeres ven a los hombres a la luz de sus padres. Desarrollamos pautas de reacción con respecto al otro sexo afectadas por nuestra relación paternal o maternal. Todo nuestro marco emotivo se establece en los años infantiles, y no se transforma de súbito por el «compañero ideal».

Los conflictos no resueltos con los padres indican futuros conflictos con uno mismo y con el cónyuge. El resentimiento persistente, aunque latente, puede encandilarse a la menor irritación. Cosas como «Tienes a quien parecerte con tu carácter regañón», o «No has aprendido a ser considerado, y se comprende», son oídas con demasiada frecuencia entre los dos cónyuges.

Los conflictos no resueltos pueden también volver a presentarse en la vida de uno mism oal pasar los años. Así, el resentimiento, si es una parte integral de nuestro fondo psíquico, puede reaparecer aplicado contra nosotros. Un ejemplo excelente es Jacob.

Jacob no podía tolerar lo que consideraba favoritismo por parte de su padre al hermano mayor Esaú. Esto le llevó a maniobrar a su hermano y engañar a su padre. Jacob escapó a uña de caballo para salvar la vida. Más tarde, él mismo fue víctima de un engaño semejante con respecto a su casamiento con Lea y Raquel, pues acabó con dos mujeres. Pero esto no fue todo. El mismo fue acusado por sus hijos de favoritismo. Sus hijos mayores por poco exterminan a José. La historia es bien conocida. José llegó a ser un gran personaje en Egipto, y Jacob acabó sus años en paz.

Aquí lo que nos interesa es saber si se pueden resolver estos conflictos de resentimiento y amargura. Sí, porque su resolución depende de nosotros, de nuestra actitud. La amargura, rebelión y orgullo se pueden convertir en amor y agradecimiento.

La mayoría de los padres responderán a un esfuerzo genuino y humilde para disminuir la tensión y restaurar la relación de unidad. No es posible restaurar las relaciones a como eran antes. Pero un deseo evidente de ser perdonado raramente es rechazado por parte de los padres.

He mencionado a mi familia antes porque me es

difícil hablar de la vida sin pensar en ellos. Mi hogar fue un nido de amor y no me pierdo ocasión para mostrar mi agradecimiento. Me ha servido siempre para recordar el amor y misericordia de Dios. Si me fue fácil responder al amor de Dios fue por haber experimentado la calidad del amor de mis padres.

Aunque ya he abandonado el hogar, mis padres son todavía un hontanar de consejo y apoyo con su amor incondicional, que no quiere dominar, sino que estimula a la independencia y a la iniciativa. Como dijo David: «Las cuerdas me cayeron en lugares deleitosos, y es hermosa la heredad que me ha tocado.» (Salmo 16:6.)

También me da sensatez y hace sobria el hecho de que: «al que mucho se le ha confiado mucho se le pedirá» (Lucas 12:48). Sé que se me ha dado mucho y que me falta mucho para tener a mano lo que se me pedirá. Oro por no quedarme corta. Y si tú has tenido la misma suerte que yo, estás sujeto también a los mismos requerimientos.

Dios no deja de ser fiel porque no se haya tenido un hogar así. No entra en sus deseos el que uno haya de tener un hogar no cristiano, pero, sin duda, un fondo semejante puede ser también un marco para desarrollar una agudeza de percepción que en sí sea especial y única. Una buena amiga que tiene una familia feliz ahora, procede de una de las situaciones familiares peores que conozco. Divorcios múltiples, alcohol y aun crimen socavaron toda posibilidad de una base de seguridad para sus años jóvenes. A través de todo esto, Dios acrisoló su entereza hasta hacer de ella una valiosa joya. Su espíritu amable y prudente irradia resplandor. Puede hacerse cargo de lo que es el dolor y las necesidades humanas con una comprensión única, y puede decir que Dios basta realmente, por experiencia.

Dios quiere que demos profundidad a la relación entre padres e hijos, incluso si los padres no son creyentes. «Honra a tu padre y a tu madre» no lleva una coletilla que dice «si son piadosos». No sólo prevenimos conflictos futuros para nosotros mismos cuando obedecemos y respetamos este mandamiento sino que nuestra obediencia y respeto pueden tener efectos eternos en los padres no creyentes. Ningún padre puede desechar a un hijo que aprecia y respeta y cerrar sus oídos a sus palabras.

El arte de cerrar la boca y abrir el corazón

La interacción social no tiene por qué ser un proceso ruidoso y exuberante siempre. Quizá el contacto más significativo es el que consiste en escuchar quedamente. Ethel Barrett nos dice que no sólo escuchemos lo que el otro nos dice, sino también lo que no nos dice.[2] Requiere práctica y una disciplina extrema el mantener la boca cerrada.

El escuchar hace evidente que nos interesa escuchar lo que es importante para el otro, antes que expresar lo que es importante para nosotros. Con demasiada frecuencia estamos sólo interesados en causar una gran impresión a los demás con nuestras ideas brillantes y nuestros vastos conocimientos. Anhelamos dar consejos, muchas veces antes de saber en qué consiste el problema. El escuchar es un arte y los que lo dominan son amigos apreciados.

Otro arte, el de la hospitalidad, es también un requisito si hemos de llegar al ideal de Dios para nosotros en la esfera social. Esto no se refiere a dar fiestas o conservar la etiqueta. La hospitalidad es mucho más que un acto específico, es una actitud, una receptividad de espíritu que recibe a todos de un modo cálido.

El obrador de la hospitalidad es el hogar. Nuestras

2. Ethel BARRET, ídem, pág. 10.

casas son expresión de nosotros mismos, y reflejan un lugar en que nos sentimos bien y por tanto deberíamos estar bien dispuestos a recibir en él invitados, esperados o no. Una casa no puede conservarse en orden sin esfuerzo. Una casa desorganizada y en desorden no habla mucho en favor nuestro y, sin duda, los que entran en ella no suelen considerarse bienvenidos. Los amigos, los de todos los tamaños y clases, deberían sentirse bien y considerar la visita un refrigerio. Si hay una atmósfera sosegada y ordenada les hace desear volver otra vez.

Aprendí mucho respecto al verdadero arte y espíritu de hospitalidad en un viaje reciente a una de las islas del Caribe. Tuve el privilegio inolvidable de asistir al servicio un domingo y en una congregación rural en Haití, después de comer en la casa de un pastor nativo. Esta pequeña cabaña de barro, con su techo de paja, era un palacio en términos de bienvenida y de recibimiento.

El pastor estaba de pie con una toalla limpia y una jofaina de agua invitándonos a refrescar antes de la comida. Me maravillé de la blancura del mantel, sobre el cual estaba dispuesta comida típica del país. Sin tener en común ni el lenguaje ni la raza fue una profunda experiencia de amistad y amor, cuando bendecimos la mesa, aunque provista de sencillos alimentos.

Después de la comida anduvimos varias millas con estos nuevos amigos antes de subir al jeep que nos llevó a los edificios de la misión. Al ir a marcharnos una cariñosa niña de unos 15 años llamada Rosa se acercó tímidamente y me sacó el polvo de los zapatos antes de partir. No pude por menos de recordar a Jesús mismo arrodillado haciendo una labor similar. El amor de Jesús se reflejaba sin duda en ella. Al abrazarla, antes de marchar, pensé en el día en que nos veremos otra vez, sin trabas de lenguaje ni de otra clase cualquiera.

Es sin duda verdad que el mezclarse con otros hasta

el punto que menudeen los encontronazos no siempre es placentero, pero vale la pena hacerlo. El proceso (sea con los de la misma edad, con niños o con quien sea), desarrolla el carácter, aunque a algunos les deja un poso de ironía y aun cinismo. ¡Pero el cinismo es la negación del amor, en tanto que un carácter firme lo exige como condición esencial!

CAPITULO NUEVE

EL DESARROLLO MENTAL:
ESTIRE SUS NEURONAS

¿Cuán bien equipado está usted mentalmente? ¿Hace bastante ejercicio su materia como para poder entrar en liza en todo momento? O bien, ¿se encuentran sus neuronas arrellanadas en una butaca, bostezando y aburridas? Muchos dejan que sus mentes se atrofien en vez de procurar que se dilaten, se expansionen. Desde luego, es más cómodo volver a recorrer las mismas roderas ya usadas antes, que nos permiten... ¡existir! El estimular el cerebro para acercarnos al máximo potencial mental no significa matricularnos para estudiar un doctorado. Además, esto ni aun se refiere al mundo académico.

Un buen programa de desarrollo de la mente incluye hacer uso de nuestros dones, creatividad, intereses y en general aumentar nuestros conocimientos y nuestra visión del mundo. Hay toda clase de direcciones estimulantes en las cuales podemos correr aventuras intelectuales. Basta con que decidamos hacerlo. Quizás el lugar más inmediato para empezar a sacar las telarañas es nuestra propia profesión.

Hoy en día es una necesidad casi especializarse en algún campo, pasar tiempo estudiando o practicando para ocupar una profesión en el mismo. En otras palabras nos hemos de «ganar la vida».

Este proceso de ganarse la vida es para muchos algo pesado, aburrido y agotador. El «cheque» con el sueldo semanal es la única recompensa recibida del empleo y a veces es tan pequeño que nos da escaso consuelo. En cambio, para otros, su empleo es una tarea estimulante en la que se gozan. El sueldo es el resultado, no el objetivo de su trabajo.

La diferencia no está en la vocación sino en la mentalidad de cada individuo. No hay ningún empleo o trabajo que deba considerarse sólo como un medio «para hacer hervir el puchero», sino que debe incluir visión y propósito. Esta visión existe cuando escogemos la vocación. Hacerlo es una tarea que deja a muchos desconcertados, porque implica algo todavía más complicado, que es conocer la voluntad de Dios.

Tú eres la voluntad de Dios

«¿Cómo se hace la voluntad de Dios?» es una pregunta que produce pesadillas a muchos, ya que temen que esta voluntad (su plan) les pase inadvertido y por ello se vean condenados y confusos el resto de su vida. Un pastor, reverendo Roy Putnam, que ha influido en mi vida muchísimo en los últimos cinco años, usa esta ilustración que muestra de un modo humorístico nuestra errónea idea de la guía divina:

Tenemos una idea de la forma de obrar de Dios un poco semejante a lo que ocurre en el juego del escondite. El va mirando cómo buscamos y va diciendo: «Ca-

138

liente, caliente... frío...» según nos acerquemos o alejemos del punto

O a veces nos imaginamos a Dios teniendo un secreto placer en hacernos desgraciados. Mira al atleta y se dice: «Ya sé lo que haré. Le romperé las dos piernas y haré que toque la flauta». O mira al soltero y decide...: «¡Ya sé lo que haré. Le daré una esposa con la que ande siempre a la greña y ésta le obsequiará con seis críos!...»

Esto va de broma, decimos, pero si pensamos un poco más nos damos cuenta de que esta falacia se encuentra en nuestro modo de pensar. Aceptamos que lo que Dios quiere para nosotros es lo mejor, pero nosotros vamos dudando de poderlo encontrar, o si lo encontramos si nos acomodaremos a ello.

No tenemos que tropezar a lo largo de algún camino brumoso de desesperación con un paquete etiquetado y fechado: «Voluntad de Dios para Bill el 4 de julio». Los que se imaginan que han encontrado el paquete se dicen: «¡Bueno! ¡Por lo menos ya lo sé! Ya no tengo que preocuparme». Pero se quedarán desilusionados y perdidos cuando ocurra algún cambio inesperado en su modo de vida. Ni tampoco deberíamos temer esta voluntad como algo que inevitablemente se nos cae encima y nos va a aplastar: «Dios, por favor, no me hagas ir como misionero al Africa. Les tengo terror a las serpientes». Los caminos de Dios y sus pensamientos son mucho más altos que los nuestros y su voluntad mucho más amplia que nuestra mentalidad temerosa de paquetes.

La clave de la seguridad en los propósitos de Dios la hallamos al comprender que como obedientes herederos suyos, somos su voluntad. No tenemos por qué buscar o hallar la voluntad de Dios; podemos vivirla diariamente.

Gran parte de la Escritura que se usa para guía subjetiva específica, habla en el contexto de obediencia a los mandatos divinos. Si dejamos de obedecer su voluntad nunca alcanzaremos el máximo punto en la vocación ni en nada más.

Quizá los pasajes que son más familiares son los de Proverbios 3:5, 6. Al leerlos en el contexto vemos que su foco va más allá de situaciones específicas para referirse a la vida en conjunto.

Proverbios 3:1-6 dice:

«Hijo mío, no te olvides de mi ley» con el resultado de que... «largura de días y años de vida y paz te aumentarán».

Nunca se aparten de ti la misericordia y la verdad», con el resultado de que... «hallarás gracia y buena opinión ante los ojos de Dios y de los hombres».

Estos versos se refieren al conjunto de la vida. Veamos ahora el cinco y el seis:

«Fíate de Jehova en todo tu corazón y no te apoyes en tu propia prudencia. Reconócelo en todos tus caminos...» lo que se podría parafrasear en:

«Estamos limitados por nuestras mentes finitas en nuestra comprensión de un Dios infinito y su mundo. Pero podemos, por la fe, confiar en su bondad y amor con todo nuestro ser... y buscar de agradable en todo lo que hacemos.»

El resultado de una actitud en el corazón y una disposición mental semejantes se halla en la última parte del versículo 6, en que dice:

«El enderezará tus veredas.»

O parafraseando:

«Dios hará honor a nuestra confianza continuando su obra creadora en nosotros a medida que nos desarrollamos para ser todo lo que El intenta que seamos.»

Este proceso requiere que sigamos las instrucciones: escoger la obediencia y rechazar la desobediencia. Esto no niega la necesidad de dirección específica en ciertas situaciones, ni el deseo por parte de Dios de proporcionárnosla. Pero define la relación que es necesaria antes que pongamos al unísono los deseos específicos de Dios con nuestras vidas individuales.

La plegaria de nuestros corazones debe ser, como fue la de Jesús: «No se haga mi voluntad sino la tuya» (Lucas 22:24). Nuestro impulso, nuestro único objetivo en la vida debe ser agradar a Dios. Sólo entonces podemos tener el fundamento sólido de confianza que Dios es soberano de nuestra vida, de que El «dirige nuestras veredas», nuestras decisiones y elecciones.

Una vida así no transcurre sin fallos, pero no tenemos por qué desesperarnos de haber perdido el camino: «Por Jehová son ordenados los pasos del hombre, y él aprueba su camino. Cuando el hombre cayere, no quedará postrado, porque Jehová sostiene su mano.» (Salmo 37:23, 24).

Voluntades con raíces y mentes productivas

¿En qué forma proporciona todo esto ayuda práctica en la elección de vocación o al hacer decisiones importantes en la vida? Simplemente así: cuando nuestras voluntades están profundamente enraizadas en el suelo fértil de la Voluntad más alta, nuestras mentes producirán las decisiones en que escojamos lo mejor. Su Espíritu, en el interior, nos dirigirá en el proceso. Hemos subido y vemos las cosas desde la perspectiva de Dios; podemos ahora discernir mejor nuestro lugar significativo en los movimientos de la vida.

Hemos de recordar que gran parte del discernimiento piadoso no es nada más que sentido común «santificado». Consideremos: 1) si Dios nos creó como individuos, luego somos especiales y únicos; 2) si hemos sido restaurados a su familia como herederos obedientes, entonces, somos su voluntad. Lógicamente, pues, nuestras inclinaciones interiores son de un modo necesario, parte de su voluntad. Por tanto, nuestras preferencias, tendencias y talentos individuales deberían ser una consideración muy importante al escoger nuestra vocación.

Como creaciones únicas de Dios, y parte de su voluntad, has de discernir qué ambiente te es más natural para que puedas llenar tu potencial como individuo, y que permita a Dios hacer madurar ciertas capacidades y sensibilidades que El te ha dado, con miras a que puedas cumplir sus propósitos en este mundo.

Hay una oración que aprendí hace muchos años y que me parece que puede ser aplicada aquí. No es «Dios, úsame», sino «Dios, hazme útil. Al madurar nuestra capacidad interna, se va dilatando nuestra efectividad externa. El servir a Dios de modo activo en un ministerio exigente en todos los niveles de la necesidad humana resulta, de un modo inevitable, del aumento en nuestra riqueza interior.

Aplica estas normas a tu ocupación o estudio presente:

¿Te da una comprensión valiosa de ti y de otros?

¿Te ayuda a reforzar lo positivo que te ha dado Dios y a aminorar los rasgos indeseables?

¿Te ayuda a desarrollar talentos y cualidades valiosas?

¿Te proporciona un clima en que puedes «ser útil» para Dios en sus planes en este mundo?

¿Te es un estímulo para depender de la suficiencia divina, o te crees capaz, y aun te sientes aburrido a veces?

Las experiencias que nos ofrecen más recompensa son a menudo aquellas en que entramos con temor y temblor. Hacer algo que nos ponga en un aprieto, siempre que sea dentro de los límites de la sensatez práctica, es magnífico, en tanto sepamos que no estamos solos.

Escoge experiencias que tengan los resultados más

positivos a la larga, para ti y para los otros. Desarrolla objetivos vitales a medida que conozcas lo que Dios espera de ti y quiere que hagas para el mundo alrededor de ti. Mira tu ocupación como medio para alcanzar estos objetivos.

«Pero ya es demasiado tarde para cambiar de vocación o empleo», se oye de alguien que protesta.

Nunca es demasiado tarde, pero procura asegurarte de que es el empleo y no tú el que debe ser cambiado en una nueva dirección. La insatisfacción, falta de cumplimiento y cortedad pueden ser debidas a tu disposición mental, no a tu empleo. Las frustraciones, la tensión, la fatiga, todas ellas son inherentes a toda profesión, como a la vida misma.

Al mismo tiempo, hay pocos campos o disciplinas de trabajo, si es que hay alguno, que sean aburridos y dejen insatisfecha a la persona que se esfuerza para dar de sí lo mejor que puede en él. El ser «el mejor» requiere disciplina, trabajar de firme y motivos más elevados que los monetarios exclusivos, pero el sentimiento de satisfacción que se deriva del cumplimiento de las obligaciones hace que valga la pena.

Fatiga mental

El distender la mente puede sin duda empezar en la propia vocación. Pero no deberíamos limitar la adecuación mental a nuestra disciplina particular. Hay muchos territorios desconocidos que podemos explorar. Usemos para ello el vehículo de los libros, revistas, películas, conferencias, televisión o clases, podemos descubrir mundos emocionantes por medio de un esfuerzo disciplinado.

He aquí unas cuantas sugerencias en unas áreas básicas para empezar a considerar:

Historia

Lee la historia desde la perspectiva de cómo ha ido Dios moviéndose tras bastidores en el curso de los tiempos. Una comprensión de la herencia cultural nacional es importante para percibir claramente las presentes condiciones de la nación. Al mismo tiempo, una visión de la historia de la humanidad nos ayuda a evitar un modo de pensar nacionalista cerrado. Nos da también una idea de las misiones en el mundo desde un nuevo punto de referencia.

Las biografías y las novelas históricas son dos fuentes de aprecio de los sucesos y la gente del pasado excelentes.

Literatura

Algunos de los lectores leen a regañadientes porque no se sienten cómodos consigo mismos en silencio. Con todo, la lectura estimula la mente, y sin duda es una de las mejores avenidas para ensanchar los horizontes, intelectual y espiritual.

Esto es verdad evidente, porque la literatura es una comunicación de panorámicas históricas y filosóficas, mezclado todo hábilmente con las emociones humanas. Es la revelación de mundos interiores, de pensamiento, de actividades y disposiciones, escritos primero en el alma y luego en el papel.

Hay una colección tan vasta de buenas obras para escoger que es imposible indicar direcciones. Cada cual tiene sus propios gustos, pero hay que procurar familiarizarse con los grandes autores. Empieza y pronto hallarás tus preferencias.

¿Y por qué no empezar a escribir algo por cuenta propia? Las cartas son un medio excelente para empezar a desarrollar la habilidad de expresarse uno mismo.

«Querido diario» puede ser más que algo infantil o del mundo de los adolescentes, en que pensamos con nostalgia. Jim Elliot, uno de los cinco misioneros martirizados en la selva virgen del Ecuador escribió sus pensamientos en un diario personal, empezando en los días que estaba en el «college». Sus profundas observaciones abren hoy nuevas vistas para muchos.

En todo caso encontrarás que la práctica de escribir te ayudará a solidificar tus propios pensamientos sobre ciertas cuestiones y a desarrollar más penetración en otras.

Ciencias naturales

No hay absolutamente ningún dato científico que sea contrario a la Escritura. En cambio no es infrecuente que los científicos hayan hecho presuposiciones falsas.

La ciencia no es, pues, un enemigo del cristianismo, del mismo modo que la razón no es un enemigo de la fe. Como dice Alfred North Whitehead al citar las premisas originales de la ciencia: «puesto que el mundo fue creado por un Dios racional puede ser entendido por la razón.» De esta premisa partió el método científico.

Dentro de un marco de referencia cristiano, es emocionante descubrir cómo las leyes y el orden natural revelan muchísimo acerca del que hizo los planes del mundo. La ciencia moderna, una colección inmensa de datos y teorías, que rodea y toca el núcleo de la vida, no ha conseguido decirnos mucho acerca de Él. Pero como cristianos sabemos lo que es la «chispa de vida», que no es una variable desconocida, y conocemos su Origen.

Para nosotros, como cristianos, el estudio de los datos científicos debería ser de mayor significación que para los otros. Y ¿qué mejor manera que empezar por medio del estudio de la ciencia a tratar de entendernos a nosotros mismos y el Universo? Luego podemos desarrollar hobbies científicos como astronomía, etc.

Ciencias sociales

En los últimos años los cristianos han invadido y conseguido prominencia en el campo de las ciencias psíquicas y sociales, un área de estudio que ofrece información valiosa sobre los mecanismos del razonamiento y sobre la personalidad.

Por ejemplo, toda persona trabajando en una cultura extranjera debería tener conocimientos de Antropología. Y todos podemos obtener una nueva apreciación de la complejidad de la personalidad humana, en lo individual y colectivo, del estudio de la Sociología y la Psicología.

Este estudio puede ayudarnos a ver algunas relaciones de causa y efecto en nuestra vida mental y emocional, como la culpa que se transforma en depresión, las influencias de la herencia y el ambiente en la estabilidad mental.

Hay que hacer dos cosas: 1) Evitar las tendencias peligrosas a echar la culpa de los problemas personales a un trauma del pasado. Dios nos ofrece cura y no podemos evitar la responsabilidad, 2) No dejarse atrapar por la introspección profunda y el autoanálisis. No tratar tampoco de analizar demasiado a los demás.

Bellas artes (música, arte y drama)

Tanto si es participando como apreciando, hay un repertorio inmenso de posibilidades en el área de las Bellas Artes. El arte toma muchas formas: pintura, dibujo, escultura, etc. Hay artes menores o industriales, como: punto de media, ebanistería y marquetería, elaboración de vidrio, *macrame*, joyería..., incluso arreglar ramilletes es un arte.

Aunque los resultados no sean profesionales, incluso si no se hace para exponer al público, es interesante y proporciona una salida para la creatividad del individuo. Es un don de Dios la capacidad creativa, y debemos desarrollarlo.

El mundo de la música ofrece algo para todo el mundo. Incluso sin participar activamente se puede aprender a apreciarla. Hay también el estudio de la vida de artistas y compositores, comparar sus filosofías vitales con sus obras, etc.

Ciencias políticas (sucesos corrientes)

Jesús estaba al corriente del sistema politicosocial de su tiempo y los problemas que presentaba. Los cristianos deben conocer también los tiempos en que viven. Estar al corriente de los sucesos no es un pasatiempo, es una obigación de todo ciudadano.

La fuente de información son los periódicos, televisión y revistas. En muchas comunidades hay grupos de discusión, forums y seminarios sobre estos estudios, abiertos al público. Las discusiones de asuntos y cuestiones con otros ayudan a ensanchar los conocimientos y obtener más comprensión.

Las «señales de los tiempos» se hacen más visibles hoy, especialmente con los sucesos de Israel. Así que un buen libro de profecía nos ilumina sobre los sucesos actuales.

Economía

No son muchos los que tienen la respuesta a la inflación, pero sí suficientes conocimientos sobre economía para regularizar nuestras finanzas individuales. Hay que hacer un presupuesto en la casa, para ser buenos mayordomos.

Muchos matrimonios sufren desacuerdos causados por cuestiones relacionadas con el dinero, algunas de las cuales podrían solucionarse si se supiera hacer un presupuesto inteligente y con un poco más de prudencia y un poco menos de egoísmo, también. La persona soltera, con menos obligaciones que los casados, tiene otra suerte de avenidas creativas para usar el dinero sabiamente.

La riqueza no es pecaminosa, como la pobreza no es espiritual. Pablo escribió en Filip. 4:11 que debemos aprender a «estar contentos con lo que tenemos en cualquier circunstancia». No cuenta, pues, lo que tenemos, sino lo que hacemos y sentimos con lo que tenemos.

Cuidado con dejarse saturar la mente por el dinero... Hay que usar el dinero sabiamente: contentarse con lo que se tiene, según dice Pablo.

Deportes

El ancho mundo de los deportes da al participante y al espectador abundancia de donde escoger. Estas actividades no sólo estimulan el cuerpo sino que ejercen la mente, ensanchan los intereses y desarrollan el carácter. Controlan el genio, fuerzan a la humildad y nos hacen sinceros. No te contentes con los deportes que conoces: patinar en el agua, equitación, navegar a vela, marcha atlética, etc. El tenis, la gimnasia, son el comienzo de una nueva lista. ¿Por qué no hacer una lista más larga y probrar nuevos deportes?

Viajes

El viajar es una fuente educativa de primer orden. Como la Historia, ensancha la visión del mundo y disminuye el egocentrismo nacional. Además puede que nos estimule a aprender algún lenguaje nuevo, y proyecta luz sobre nuestros conocimientos de geografía. Hay que conocer a la gente además de los monumentos. Si es posible comunicarse pueden hacerse amistades de larga duración que son el punto culminante de cualquier viaje.

También es importante darse cuenta de la pobreza económica de muchos países: el ver en colores las amplias necesidades del mundo de hoy tiene que hacernos pensar en que Dios desaprueba el despilfarro y nos pedirá cuentas si no somos buenos administradores de lo que poseemos. Debe enseñarnos también que el mayor privilegio del que tiene es dejar participar de ello a los que no tienen. También esto es aprobado por Dios.

El filtro divino en nuestras mentes

Pero hay que saber elegir en las cosas a que exponemos la mente. La Biblia establece aquí criterios muy elevados:

«Todo lo que es verdadero, todo lo honesto, todo lo justo, todo lo puro, todo lo amable, todo lo que es de buen nombre; si hay virtud alguna, si algo digno de alabanza, en esto pensad» (Filip. 4:8).

Hay, pues, que examinar lo que damos como alimento a la mente y si está a la altura del criterio divino. Las Escrituras no eliminan el pecado y el mal de su inspirada relación de lo que es la vida, pero siempre es el mal presentado como feo, y el bien, como el premio más elevado. Hay que evaluar el último libro, la última película con los criterios de Dios.

El ejercicio mental exige disciplina y esfuerzo pero es estimulante y provecvhoso. Como resultado del baldeo obtendremos puntos de vista frescos y vigorizantes, la mejor medicina para el aburrimiento y la rutina.

Mira, ahora, los cinco últimos capítulos y establece objetivos en cada uno de ellos: físico, sexual, emotivo, social y mental. Hay que ser sensato, o sea usar un entusiasmo moderado. Se trate de un régimen con pocas calorías, o un libro sobre la cultura de Slobovia, o una visita a un asilo de ancianos recuerda que los objetivos se dirigen a un fin, y que éste es siempre agradar a Dios en todos los aspectos de la vida.

Al lanzarnos a navegar debemos recordar que es necesario un bote que nos sostenga a flote, remos para propulsarlo y... un timón para dirigirlo. Sin un instrumento o medio de control no hay dirección: las corrientes harán astillas el bote, o nos quedaremos encallados en algún bajío. Tenemos cómo propulsar el bote y cómo controlar su dirección y... todo lo que tenemos que hacer es seguir las instrucciones.

CAPITULO DIEZ

EL DESARROLLO ESPIRITUAL:
CUANDO TODO LO DEMAS FALLA...
SIGUE LAS INSTRUCCIONES

Hemos visto muchas cosas: yo soy un «individuo» (casado o soltero); Dios, en su perspectiva, me ve como algo único. Me ama en grado sumo. El cielo no es centro para dar órdenes y controlar: no doblar esta ficha, no rasgarla. Nuestras necesidades no están programadas o dispuestas según una receta estereotipada: puerta 25, arcángel 315, por favor llene esta hoja y espere a que se le llame. No olvide de poner el distrito de origen en la tierra y nombre del representante de su compañía de seguros (Buda, Moisés, etc.) si está asegurado.

Lo que la Biblia nos dice es: «Porque los ojos de Jehová contemplan toda la tierra, para mostrar su poder a favor de los que tienen corazón perfecto para con él» (2.º Crón. 16:9).

No sólo está Dios disponible de un modo individual, sino que está activo buscando la oportunidad para «mostrar su poder a favor de nosotros». Al maravillarnos, cuando nos damos cuenta de este concepto de la perspectiva en que Dios nos tiene, cambiaremos sin duda nuestra opinión de Dios, de nosotros mismos y de la vida en general.

Dios quiere darnos más que un «Estoy contento... ¡creo!» como base de nuestra existencia. Quiere proveernos de una vida más elevada que lo corriente y vulgar. Nos da instrucciones sobre «cómo podemos llegar a ser lo que debemos ser».

Operación de restauración

La instrucción número uno para poner en marcha el plan de una vida elevada como Dios desea para nosotros es cumplir la condición que hemos visto en el versículo anterior: «tener un corazón perfecto para con El».

¿Cómo se consigue esto?

Respondiendo al amor de Dios con el arrepentimiento de nuestra rebelión personal. Esta respuesta, si es auténtica, producirá una vida propulsada por un motivo: ser consciente de Dios en todas las áreas del desarrollo personal. Este objetivo —agradar a Dios— se extiende en las dimensiones de la vida: física, sexual, emotiva, social, mental y espiritual.

El aumento de la presencia de Dios, o crecimiento espiritual, se producirá tan sólo si estamos a tono con los criterios de Dios, en todo nuestro ser, y día tras día. Así que el ambiente esencial para que nos desarrollemos espiritualmente es dejar que los criterios de Dios saturen cada aspecto de nuestra vida. Sólo entonces seremos personas sanas, integradas, totales.

El alcanzar (o tratar de conseguirlo) nuestro potencial individual humano no es un plan egoísta de mejoramiento personal. Más bien es del desarrollo progre-

sivo de un carácter piadoso en cada personalidad, el
cumplimiento de todo lo que debemos ser. Dios llama
a este desarrollo total «santidad». Esto no es un halo
de superpiedad que nos rodea, sino una realidad práctica diaria.

El doctor J. Sidlow Baxter, uno de mis expositores
de la Biblia predilectos, dice sobre la santidad:

«La santidad es retauración —el restaurar nuestra
verdadera humanidad. No es la permanente crucifixión
del hombre, sino su renovación. No es la supresión im-
placable de todo lo que somos de modo natural, sino
la purificación y renovación de todo a la imagen de
Jesús.

»La regeneración alcanza toda la personalidad humana. Difunde su nueva y saludable vida a cada parte
de la misma... La regeneración aviva, y la santidad
cumple todo lo que es verdadero, todo lo que es bueno en lo que somos, por la verdadera esencia de nuestra naturaleza como seres humanos, porque no olvidemos que hemos sido hechos a la imagen de Dios.

»La santidad no es un terreno extraño, un país
extranjero, es el hijo pródigo vuelto al hogar, adonde en
realidad pertenece.» [1]

El proceso de la santidad no se realiza a través de
nuestros esfuerzos. Es la obra restauradora y renova-
dora del Espíritu Santo dentro de nuestro espíritu, cuando le damos acceso a todo nuestro ser.

El doctor Baxter hace resaltar su concepto con el
de la «vida victoriosa»: «Según este concepto, el cristianismo no vive ya su vida, sino que Cristo mismo
vive en él y por medio de él... Pero ésta no es en realidad una "vida victoriosa" en lo más mínimo, porque
Cristo la ha sustituido. En ella, El es el actor de mis

1. J. SIDLOW BAXTER, «Nueva llamada a la Santidad»
(Grand Rapids, Michigan: Zondervan Publishing House, 1973),
págs. 123-125.

acciones. No hay educación ni desarrollo en absoluto del carácter. En cambio, en la "santidad cristiana" tenemos al verdadero hombre, el verdadero carácter humano, renovado, restaurado; restaurado según la imagen de Jesucristo.» [2]

Cuando comprendemos que es la obra de Dios «educando» nuestro carácter no nos engañamos creyendo que son nuestros propios esfuerzos. Pero nos entusiasma el ver cuán gran potencial puede ser restaurado en nosotros para llegar a ser lo que debemos y podemos ser.

Operación de la comunicación

Hemos hablado de lo que es el desarrollo de una «atmósfera» o estado espiritual en nosotros. Hablemos ahora de los «medios» básicos con que establecer este tener consciencia de Dios y vivir en El. No podemos aumentar o desarrollar lo que no tenemos. Sus directrices y el proceso de obediencia no entran por ósmosis. La espiritualidad debe residir ya dentro antes de poder ser demostrada.

Estamos viviendo en la época de lo inmediato, de lo instantáneo. Queremos que las cosas ocurran rápido, ahora mismo. La industria nos da productos instantáneos: drogas que levantan el ánimo, computadoras que nos dan informes al momento, aviones a chorro que nos transportan en volandas y satélites que nos lo dejan ver todo, al punto.

Estamos creando y fomentando una expectativa global de que todo va a realizarse al momento, si no, lo mejor es dejarlo. Nos sentimos contrariados con todo proceso que sea largo y tedioso. El punto de ebulli-

2. J. SIDLOW BAXTER, *op. cit.*, págs. 118, 119, 124.

ción está descendiendo en nuestras vidas y lo mismo
ocurre con nuestros límites de tolerancia.

Esta tendencia a esperar lo instantáneo también
afecta a nuestra perspectiva de lo espiritual. «Lo que
somos» y «lo que queremos ser» están demasiado dis-
tanciados. Queremos unos pocos pasos fáciles, una fórmula secreta, un enfoque innovador, una experiencia
espectacular, algo que tienda un puente ahora y para
siempre. En otras palabras, queremos espiritualidad instantánea, santidad instantánea.

Pero la Palabra de Dios nos dice que El desea una
relación personal sólida con cada uno de nosotros que
vaya adquiriendo profundidad con la íntima comunicación. Su proceso puede ser más lento, gradual, una
purificación hecha día a día, pero es más satisfactorio
que una explosión de éxtasis emocional. Este géiser
espiritual ciertamente tiene su lugar en nuestra relación
con Dios, pero el termómetro de lo espiritual debe re-
gistrar otra clase de estabilidad.

Nuestra relación con Dios será superficial sin una
comunicación de base diaria. La oración es mucho más
que un ejercicio espiritual, es un deber, un ritual piadoso. Es una comunicación íntima, personal, directa,
el verdadero aliento de nuestra fe. Es una orden, una
llamada amorosa a encontrarnos con Dios, corazón con
corazón, cada día. Y no tenemos por qué entender la
oración, nos basta con obedecer y gozar.

En su libro *La oración*, O. Hallesby da una visión
profunda de la belleza de esta comunicación. Hallesby
llama a la oración «el acoplamiento o enganche de los
poderes del cielo a nuestra impotencia». No es necesario
que hagamos gimnasia espiritual al orar, un esfuerzo
del alma que cause impresión en Dios.[3]

En la oración vamos a Dios y comunicamos con El

3. O. HALLESBY, «La oración» (Augsburg Publishing House). Usado con permiso.

nuestros deseos, como lo hacemos con cualquier otra persona a quien amamos y por quien somos amados. No tenemos por qué despedazarnos en agonía para ayudar a resolver nuestros problemas —simplemente presentar nuestras necesidades con confianza a nuestro amante Padre.

A veces, la oración se convierte en una conversación con Dios en medio del trabajo y las actividades diarias. Con frecuencia oro en el ascensor camino a la oficina. Me gusta hablar con Dios cuando doy un paseo montada a caballo, una de las cosas que más me gusta hacer. No hay un lugar más adecuado para alabar a Dios que los campos y los bosques.

Dios desea que le demos gracias; Su corazón amoroso es tierno para nuestra percepción de su bondad. Hallesby comenta: «Hemos sido creados para dar gloria a Dios —cada vez que lo hacemos, estamos en armonía con Sus planes y propósitos para nuestra vida.» [4] La alabanza nos hace sentir bien a nosotros y complace a Dios.

A veces nuestra comunicación con Dios se realiza sin palabras: «cuando descansamos nuestras almas asenderadas en la quieta contemplación de El». Hallesby describe estas ocasiones: «Nosotros también nos sentimos completamente cansados, mortalmente cansados de nosotros mismos, de los otros, del mundo, de la vida, ¡de todo!

»Es una bendición saber de un lugar donde reposar nuestra cabeza y nuestro corazón, en los brazos de nuestro Padre celestial y decirle: "Basta, no puedo más. No tengo nada que decirte. ¿Puedo echarme un poco y descansar?"» [5]

Recuerdo un día al atardecer, cuando todo en la vida parecía negro, en que me sentí turbada y no podía

4.   Idem, pág. 139.
5.   Idem, pág. 148.

orar. Demasiado agotada para hacer nada más que llorar me fui a la cama para lamentar mi soledad y frustración. Mi madre vino y me preguntó qué me pasaba. Viendo que se trataba de una momentánea flaqueza de cuerpo y espíritu me dio un buen consejo: «Querida, no tienes por qué orar con palabras. Estate quieta y deja que Dios te ame.»

¡Qué solaz y consuelo en este sentido de íntima compañía incondicional, sabiendo que podía contar de modo incondicional con su presencia y su amor!

No lo entendáis mal, ahora, no debemos siempre orar «echados, ahí» cada vez que no sintamos que no podemos orar. Esto es la excepción, no la regla.

La oración es una comunicación privilegiada y emocionante con el Dios del universo, pero tiene sus exigencias y requiere un esfuerzo disciplinado.

¿Por qué?

Porque, como enseñó Jesús, debemos orar «en secreto, no en la esquina, para que los demás nos contemplen. Perdemos gran parte de nuestro deseo de orar si consideramos que no se ve y no consigue aprobación de otros. Como Hallesby dice: «Es sorprendente ver cuán importante es para nosotros que otros vean lo que hacemos. El hecho de que el trabajo que hemos realizado sea apreciado y considerado valioso, es un estímulo muy importante.» [6]

Satanás conoce esta tendencia al orgullo en nuestras vidas y usa la falta de oración como la más sutil, «la manera menos dolorosa de escamotearnos nuestra vida espiritual». [7] Tenemos que reprenderle decididamente como ladrón y acudir al Espíritu Santo que está siempre orando por y con nosotros (véase Romanos 8: 26, 27).

6. Idem, pág. 163.
7. Idem, pág. 87.

* * *

De la misma manera que Dios está en comunicación con nosotros en la oración, también se comunica con nosotros en su Palabra objetiva. Recordemos que necesitamos sus instrucciones antes de seguirlas. Un amiguito mío, de cinco años, lo expresó de modo muy profundo con esta proposición: «Papá, podemos leer la Biblia también, no sólo el libro de historias bíblicas. Tengo que saber lo que Dios quiere que haga y que no haga, para poder obedecerle.»

Consideremos por un momento al dueño de un coche que se niegue en redondo a leer el manual del conductor antes de empezar a conducir. Este hombre puede llevar el manual consigo, a su lado, y al acercarse a la primera bocacalle, y ver una luz roja busca rápidamente en el índice, para leer lo que tiene que hacer... demasiado tarde. ¡Ya ocurrió el choque!

A veces somos insensatos también ya que esperamos para estudiar el manual a que ocurra una situación de crisis, en vez de hacerlo asiduamente. El choque puede no ser de graves consecuencias, pero hemos causado preocupación a Aquel que quiere comunicarse con nosotros y «mostrar su poder a favor nuestro». La Biblia es su comunicación, no sólo al mundo en general, sino a ti personalmente, en singular y en el tiempo presente.

¿Por qué no tenerla en cuenta? Muchas veces por las mismas razones por las que dejamos a un lado la oración. Preferimos las apariencias externas que evidencian nuestra espiritualidad, lo que podemos hacer. Debemos darnos cuenta de que sufriremos una pobreza interna como resultado de nuestra falta de comunicación con la Fuente de Poder que, de otro modo, haría que nuestros esfuerzos valieran la pena.

Dios nos quiere a nosotros... no nuestras actividades.

Los métodos de comunicación con Dios pueden ser tan individuales como nosotros mismos. Se han bosquejado muchos tipos de estudio, se han sugerido muchas formas de oración. Lo que cuenta es que busquemos comunicación abierta y sincera, con períodos regulares de quietud, para oír a menudo la «voz queda y apacible de Dios».

Canta las Escrituras, ora los himnos, estudia temas bíblicos, aprende de memoria pasajes, ora en las palabras de la Escritura: satúrate completamente de las verdades de Dios. Hay libros devocionales, apologéticos, informativos, que pueden complementar la Escritura y la oración, pero nunca pueden sustituirla. Lee ampliamente de esta reserva de autores piadosos, pero pon tu fundamento en la verdad de la Palabra inspirada.

Nuestra comunicación con Dios no debe ser monástica, una práctica aislada en recóndita soledad. Lo que cuenta es el tiempo que le destinamos, y el esfuerzo debe ser disciplinado. Pero vamos madurando a medida que nuestra comunicación se hace una parte natural de todas nuestras horas. Dios hace uso de muchas circunstancias y experiencias para hacernos partícipes de su Palabra.

Hemos de ser flexibles, con sensibilidad para escoger las experiencias que integrarán la Palabra de Dios en nuestras vidas. El tiempo de aprender, para mí abarca situaciones muy diversas, desde enseñar una clase bíblica, a escuchar conferencias de apologética, a aconsejar a una madre soltera, a entendérmelas con un suicida frustrado... hasta ahuyentar una serpiente de mi cabaña, en el campamento.

Dios hace que la verdad se vuelva viva cuando dejamos entrar a otros en nuestras vidas y nosotros nos metemos en las de ellos. Es un proceso maravilloso, lleno de sorpresas.

Sin una íntima relación de comunicación con Dios,

todo lo que hemos discutido juntos en este libro es vano. Sin estar bastante cerca de El para encaramarnos en sus brazos, no podemos ver la vida desde una perspectiva diferente. Sin pasar tiempo con Dios no podemos tener un claro concepto de El. Sin experimentar diariamente que somos aceptados en su presencia, no sabremos cómo aceptarnos a nosotros mismos y a los demás. Sin comunicación no podemos agradar a Dios y nuestra vida pierde su empuje básico.

Por contraste, el cristiano que comunica con El tiene una base sólida sobre la que fundar el resto de su vida. Tiene un sentido de integración y motivación personal; todas las fuerzas de su persona, interiores y exteriores, se unen en un haz para producir la santidad, la vida en las cumbres. Experimenta el cumplimiento de la tan repetida oración: «Señor, hazme intensamente espiritual, pero déjame tan natural y siempre tan práctico como era Jesús.»

Esta persona no sólo está en comunicación con Dios, está en comunicación con el mundo. Es eficiente al máximo al proclamar su verdad como también refleja de un modo consecuente el carácter de Dios. Afirma con palabras la fuente de sus virtudes y vida superior, y es un ejemplo y acicate a los otros, con sus palabras y su vida, para que indaguen para hallar esta fuente.

El participar nuestra fe no es sólo un mandato que hemos recibido sino también nuestro cumplimiento. El ver que la nueva vida captura el corazón de otro, como resultado de nuestro contacto, es un privilegio sin paralelo, que reafirma y vigoriza nuestra fe. Esta participación se realiza al máximo en el toma y daca de las relaciones naturales de nuestro vivir diario.

Y recordemos que Jesús establecía contacto con gente, no con almas, y que los transformaba, pero antes los aceptaba tal como eran. El reflejar su carácter requiere de nosotros el mismo amor incondicional, que

160

se entrega, se desvive por el hombre total. El nos ha confiado la tarea de revelarle a El a través de nuestras vidas. ¡Qué responsabilidad y qué gozo!

Sólo el principio

Dios quiere proporcionarnos la vida más fructífera y abundante posible para cada uno de nosotros como individuos. No elimina de la vida los problemas, el dolor, los fracasos. Por lo menos no todos. No hay que engañarse: la vida es a menudo dura, desconcertante, si no agotadora.

Aunque Dios no nos libra de los problemas, proporciona a la vida una riqueza interior que nos ayuda a enfrentarnos con ellos sin desesperarnos. No nos garantiza una felicidad automática, que lo cubra todo, como una nevada, pero puede asegurarnos un contentamiento progresivo y profundo que se introduce en los rincones oscuros y escondidos de nuestro corazón, donde, por lo común, nunca llega la felicidad.

Este contentamiento expele la inquietud, el aburrimiento, el pesimismo o la resignación de un: «¡Bueno, podría ser peor!» Este contento es, a veces, un quieto entusiasmo del espíritu, a veces toma la forma de un gozo exuberante.

En cualquier forma, este contento es una actitud positiva que no puede por menos de contagiarse. Tiene sus raíces en la profunda satisfacción de pertenecer a Dios y agradarle, a un Dios que es perfecto en bondad y amor.

Esta actitud la podemos ver reflejada en el libro de Habacuc, que es casi un desconocido, incluso para el lector habitual de la Biblia, en el capítulo 3, versículos 17 al 19, en los cuales se concluye su mensaje. Este mensaje muestra la actitud positiva, el darse cuenta del gozo resultante del privilegio, que es plenamente nuestro, de vivir una vida llena de Dios, agradable a Dios.

> Aunque la higuera no florezca,
> Ni en las vides haya frutos,
> Aunque falte el producto del olivo,
> Y los labrados no den mantenimiento,
> Y las ovejas sean quitadas de la majada,
> Y no haya vacas en los corrales;
> Con todo, yo me alegraré en Jehová,
> Y me gozaré en el Dios de mi salvación.
> Jehová el Señor es mi fortaleza,
> El cual hace mis pies como de ciervas,
> Y en mis alturas me hace andar.

¡ANDA SOBRE LAS AGUAS, PEDRO!
por Luis Palau

El proceso de redención ilustrado en la vida del apóstol Pedro. Luis Palau, ampliamente conocido por su ministerio evangelístico en todo el mundo de habla española, nos hace pensar en este libro en el ejemplo que la vida de Pedro envuelve para cada uno de nosotros respecto a lo que somos y lo que podemos llegar a ser. Nos narra cómo aprendió él a crecer en la vida cristiana y a andar sobre las aguas, imitando a Pedro, y nos invita a cada uno de nosotros a hacer lo mismo.

PULPITO CRISTIANO
por Samuel Vila

Otra serie de treinta sermones del conocido pastor y escritor español, con gran riqueza de detalle expresivo, haciendo extremadamente fácil su adaptación por cualquier predicador. (Todos ilustrados con anécdotas.)

LO QUE TODO ESPOSO CRISTIANO DEBE SABER
por William W. Orr

Ser esposo no significa simplemente casarse con una muchacha de ojos azules y alquilar un departamento con el sueño de vivir felizmente. Ser un marido cristiano es mucho más; es entrar a formar parte de un gran plan de Dios, cuya participación en él exige no poco esfuerzo, pero en el que el mismo Creador ha puesto grandes motivos de ayuda, felicidad y bienestar.

GALATAS - La Carta de la Libertad Cristiana
Por Merrill C. Tenney

El erudito decano de Wheaton College nos brinda ocho métodos de estudio bíblico, aplicados a la epístola a los Gálatas, que pueden servir de base y ejemplo para el estudio de cualquier otro libro de la Biblia. El más completo comentario de esta gran epístola de Pablo.

RELIGION ESCRITURAL Y TAREA POLITICA
Por H. Evan Runner

La idea que deseamos transmitir a los estudiantes —afirman los redactores— es la de analizar nuestra postura y participación política a la luz de la Palabra de Dios, considerando nuestra vida toda como un servicio sincero de cada hombre a Dios.

HECHOS Y MISTERIOS DE LA FE CRISTIANA
Por Alberto Pieters

¿Hay evidencias de la resurrección de Cristo? ¿Son las narraciones bíblicas un atentado a los descubrimientos de la ciencia? El célebre Dr. E. I. Mullins nos dice: «Una vez abrí este libro, no pude dejarlo de la mano. Es sensacional, lo más claro y convincente que he leído sobre el tema.»

PRINCIPIOS DE INTERPRETACION BIBLICA
Por Luis Berkhof

Expone los diversos sistemas de interpretación de la Sagrada Escritura desde Hiliel y Filón hasta el racionalismo moderno. Muestra cómo el sentido gramatical de las lenguas originales, así como el conocimiento del contexto histórico y etnológico, ayudan a comprender el significado exacto de la Palabra de Dios.

LO QUE TODA FUTURA MADRE CRISTIANA DEBE SABER
por **William W. Orr**

Abunda la literatura sobre el sexo. Mucho se ha escrito ya sobre la educación de los hijos, pero... ¿y qué de la educación de las madres?

La medicina nos ha revelado que no tan sólo el aspecto físico sino también el carácter del futuro bebé se forma en el seno de la madre, y se ve influenciado por el comportamiento y modo de ser de ésta.

TENER Y RETENER
por **Jill Renich**

Una charla de corazón a corazón entre la autora y las esposas de nuestro mundo de hoy. Abre una nueva visión a las mujeres cristianas de cómo son y cómo deben ser tratados sus maridos, y ofrece un sin fin de soluciones prácticas a los pequeños y grandes problemas de la vida matrimonial.

SOLICITE ESTOS LIBROS DE SU LIBRERIA PREFERIDA EN SU PAIS.

Si su librero no los tiene, indíquele que puede solicitarlos a

UNILIT/MIAMI

**1360 NW. 88th Avenue
MIAMI, Florida, 33172**